說禪

劉長久 著

三聯書店（香港）有限公司

責任編輯　崔　衡

裝幀設計　劉桂洪

書　　名	説　禪
著　　者	劉長久
攝　　影	劉長久
漫畫插圖	王　曉
出版發行	三聯書店（香港）有限公司
	香港荃灣德士古道220-248號16字樓
	JOINT PUBLISHING (H.K.) CO., LTD.
	16/F., 220-248 Texaco Road, Tsuen Wan, Hong Kong
印　　刷	新豐柯式製本有限公司
	香港鰂魚涌華蘭路20號801室
版　　次	2004年2月香港第一版第一次印刷
規　　格	特16開（150×210mm）208面
國際書號	ISBN 962 · 04 · 2321 · 6

© 2004 Joint Publishing (H.K.) Co., Ltd.

Published in Hong Kong

目錄

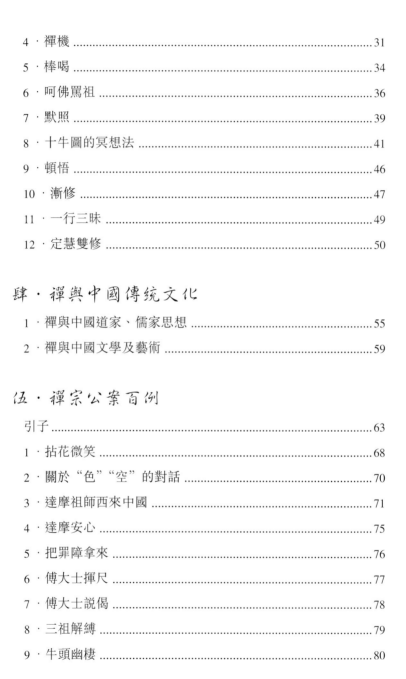

肆 · 禪與中國傳統文化

伍 · 禪宗公案百例

後記

壹·禪的基本含義

　　佛門中的人常說：禪，以心傳心，心心相印，不可言說。教外的人多有不明白個中的究竟，或有專家學者以言語文字進行詮釋，為使不懂的人瞭解禪的內涵及其外延。這樣做，對大眾無疑提供了方便。然而依宗門中人看，這樣便墮入了“涉理路，落言詮”的窠臼，有違禪的宗旨。當然，歷代宗門中有違禪的初衷的高僧大德也不少，如宋代“文字禪”之始作俑者雪竇及其代表人物圓悟克勤等，就以“頌古”、“評唱”形式說禪。假如杜口不言，不出文記，又怎麼讓大眾知道呢？

米芾書禪

1. 何謂“禪”、“禪定”、“禪宗”

“禪”是“禪那”的略語，梵文作 Dhyāna，巴利文作 Jhāna，英文譯作 Zen。自中國唐代以來，“禪”漢譯意思有“靜慮”、“思維修”、“棄惡”、“功德叢林”等。用現在的話來說，“禪”，即是指修習者的精神集中於一種特定的觀察對象，以佛教義理的正確思維，盡力排除外界各種慾望對內心的誘惑和干擾，以便達到棄惡從善，使本體心性獲得絕對自由的目的。

選自《吳友如畫寶》

19世紀在印度莫亨佐·達羅古城遺址出土的一枚印章，其上刻有瑜伽坐冥想的神像。

就禪的本源來講，禪並非佛教獨創。早在公元前6世紀佛教創立之前，禪已在古代印度廣為流行。到佛教成立後，只是援用禪作為佛教的一種主要修持方法。

19世紀在印度莫亨佐·達羅和哈拉帕古城遺址出土的約公元前3000年左右的一枚印章中，發現刻有瑜伽坐冥想的神像，以此說明早在印度河流域文明時代就已經有瑜伽的實踐。後來瑜伽便成為婆羅門教、佛教、耆那教等印度各種宗教徒修習的方法。

從"抑止心的作用"意義上說，"瑜伽"（Yaga）同"禪"是同義語，也可以說後者是前者的繼承和發展。在印度吠陀時代，被婆羅門教奉為經典的《奧義書》中就有：

讓感官和意識的注意力，

轉移到心上，

從"抑止心的作用"意義上說，"瑜伽"（Yaga）同"禪"是同義語，也可以說後者是前者的繼承和發展。圖為正在進行瑜伽實踐的印度男子。

重慶合川市淶灘摩崖造像 "釋迦牟尼與禪宗六祖"，造於南宋。

你，就能乘梵天之
舟，

振奮起精神，

渡過恐怖之源的水
流。

在原始佛教的《經
集》（Suttanipāta）中也
有這樣的話：

修習禪定的好處

據《月燈三昧經》卷六説：修習禪定，則萬
緣俱息，定性現前，能獲以下 10 種利益：

（1）安住儀式；（2）行慈境界；（3）無煩惱；

（4）守護諸根；（5）無食喜樂；（6）遠離愛慾；

（7）修禪不空；（8）解脱魔罥；（9）安住佛境；

（10）功德成熟。

小乘禪

　　小乘佛教提出治惑、生諸功德的“四禪”：初禪是以尋求和觀察的思維作用，感受到離開慾界的“喜”、“樂”。二禪是以“內等淨”的思維，進而斷滅以言語文字為思慮對象的尋求、觀察作用，使內心獲得勝於初禪的“定生喜樂”。三禪是以非苦非樂、正確記憶、正確智慧的思維，獲得“離喜妙樂”的感受。四禪是以“捨清靜”、“念清靜”的思維，惟念修養功德，獲得“不苦不樂”的感受。小乘佛教認為修此四禪，死後可生於色界四禪天(即離開食慾、淫慾的有情居處)。這些對中國早期的禪學及養生學都有一定的影響。

抑制自己的意志，向內反省思維，守住內心，不讓它外鶩⋯⋯

　　要學會獨自靜坐，⋯⋯聖者的道是孤獨的起居生活，只有孤獨，才能領略生活的樂趣。

　　兩漢之際，印度佛教傳入中國。最初的譯經者對“瑜伽”缺乏瞭解，譯之為“道”，這與當時把佛教混同於“黃老之術”不無關係。到了東晉時期，印度僧人佛陀跋陀

羅到中國傳禪數之學，才將“瑜伽”譯為“禪”。

　　中國佛教常把“禪”和“定”合稱為“禪定”。那末，甚麼是“禪定”呢？

　　所謂“禪定”，從廣義上說，是指專注一境，思想集中，心不散亂，這是人人都具備的，但須認真去做。狹義上講，禪定特指佛教僧侶的宗教思維修習，即“坐禪”。此外，就是指佛教“戒、定、慧”三學之一的“定學”，即通過凝神觀想特定對象，而獲得對佛性的悟解。

　　禪宗，以“禪”命宗，重在“修心”、“見性”，主張以“禪定”來概括佛教的全部修習，但不限於靜坐凝心、專注觀境的形式。又因為禪宗的參究方法以徹見本體心性為主旨，所以又稱為“佛心宗”。相傳在南朝梁普通年間（520～526），印度僧達摩渡海來華傳“二入四行”禪法，被稱為中國禪宗初祖。中國僧慧可從達摩得法並獲《楞伽經》4卷，後傳僧璨，僧璨傳道信，道信傳弘忍。然後慧能因示法偈開悟，得弘忍衣法，主張“頓悟”，開創南宗禪，影響深

菩提達摩大師

遠。弘忍的另一弟子神秀因示法偈不契，北上開創北宗禪，主張"漸悟"，但門庭寂寞。

後來，以六祖慧能的著名弟子南岳懷讓為代表，經數傳形成為仰宗和臨濟宗。慧能的另一著名弟子青原行思，又經數傳形成曹洞宗、雲門宗、法眼宗。其中以臨濟宗和曹洞宗流傳的時間最長。臨濟宗在宋代又形成黃龍派、楊岐派。這就是禪宗史上所稱的"五家七宗"。

大乘禪

大乘佛教把禪視為佈施、持戒、忍辱、精進、禪那、智慧"六度"之一，是由此岸世界到彼岸世界的重要途徑，最主要的種類有"念佛禪"和"實相禪"："念佛禪"認為借助智慧，專心觀想佛的莊嚴相好(三十二相、八十種好)，可使十方諸佛出現於眼前。"實相禪"是一種以禪法為悟證大乘般若空觀的修行方法，也就是說，在禪觀中一方面要看到事物的空性，另一方面又要看到事物的作用。大乘禪對中國禪宗影響最大。

2. 坐禪與念佛有何不同

坐禪，意思是指修習者端身正坐而入禪定，簡言之，即靜坐思維。這種內省法原本為古代印度各種宗教徒所奉行，佛教亦採用之。不論是小乘佛教還是大乘佛教都修習坐禪，並對坐禪的方法作了如下規定：一是坐禪者必須息心靜慮，節制飲食（不飽不飢）；二是選擇一靜室或遠離喧鬧的閒靜處；三是結跏趺坐（雙盤腿坐式）或半跏趺坐（單盤腿坐式），以左掌置於右掌上，二大拇指相挂，正身端坐，使耳與肩、鼻與臍相對，舌抵上顎，唇齒相觸，雙目微閉；四是90天為一期，不能臥床睡眠。

念佛，是一般修行佛道的基本方法之一。主要有(1)理法念佛，指在心中稱念法身佛；(2)觀想念佛，指通過觀具體存在的佛相，在心思上浮現佛的功德；(3)稱名念佛，指口中稱念佛的名號，通常以稱念阿彌陀佛名號為主。

佛教認為修行念佛功德，可不起貪、瞋、癡，死後可升天國，可入涅槃。淨土宗以念阿彌陀佛為修行的法門，據稱：日念阿彌陀佛一千遍，可往生西方極樂世界。禪宗以禪定為修行的法門，也有念佛的，但與淨土宗念佛不同。禪宗"念自佛"，即觀現前一念之心，而賴人明心見性之境。

3. 何謂"佛性"

"佛性"，佛，指覺悟；性，意為不變。佛性，即指成佛的可能性。

《涅槃經》卷七說：一切眾生都具有成佛的可能性，凡夫俗子因為煩惱障蔽而無顯，如果斷滅煩惱即可顯現佛性。同時，指出一般有三因佛性：(1)正因佛性，即中道實相、真如法性的理性；(2)了因佛

選自民國刊本《邊氏畫譜》

性，即照了二諦的般若智慧；(3)緣因佛性，即配合了因智慧開發正因的六度萬行的功德行願。佛性是因，成佛是果，只要圓滿具備以上三因就能成佛。

佛教各宗對於佛性的理解大同小異。禪宗否定執迷於佛性有無，重在證悟本體心性。

4. 何謂"開悟"

"悟"是相對"迷"而言的，所謂"開悟"，即指通過修行，達到轉迷而開啟智慧，覺悟真理的目的。佛教各宗雖然修行的手段不盡相同，但開悟的目的是一致的，這就是佛教所謂："方便有多門，歸元無二路。"

日本禪學大師鈴木大拙在《悟道禪》中，對"開悟"作了新的解釋，他說："悟，只是把日常事物中的理論分析的看法，掉過來重新採用直觀的方法，去徹底透視事物的真相。禪，開啟了迄今二元觀的另一新看法，所以對迄今所見到的環境，亦可展開未曾預料（想像不到）到的新角度，而對於開悟的人來說，可說這世界已不是原來

佛祖"開悟"

傳說古印度北部迦毗羅衛國淨飯王太子喬答摩・悉達多，因有感於人世生、老、病、死各種苦惱，捨棄榮華富貴，出家修道。最初向"數論"先驅阿羅邏迦羅摩和烏陀迦羅摩子學習禪定，後到尼連禪河附近樹林中獨自苦修6年，弄得形同枯槁，未能悟得解脫苦惱的途徑。然後到菩提伽耶畢波羅樹下靜坐思維，月半中星，靈光閃爍，終於覺悟到"四諦"、"十二因緣"的道理，爾後傳法45年，創立佛教。

迦葉，又稱"摩訶迦葉"(大迦葉)，意為"飲光"，因在靈山法會上
受佛正法眼藏，傳佛心印，故被禪宗尊為"西天二十八祖"之初祖。

的世界了。雖然川照常流，火照常燃，但那不是悟之前的流法燃法了。至今在理論上二元觀所見到的事物，其對抗之相，矛盾之相亦復消失，處在原來的矛盾環境中，卻能展開出任何奇蹟存在。總之，這必須經過一度體驗才能獲得的。"

5. 何謂"不立文字"、"明心見性"

傳說釋迦牟尼在靈山法會上正準備說法，這時大梵天王來到靈山，向釋迦牟尼獻上一朵金色波羅蜜花。然後坐在最後的位子上，聆聽釋迦牟尼說法，釋迦牟尼卻一言不發，僅舉起這朵金色波羅蜜花給聽眾看。當時人間天上諸神都不明白這是什麼意思，惟有弟子迦葉破顏微笑。於是釋迦牟尼才開口對聽眾說："我有正法深藏在眼裡，以心傳心。你們應擺脫世俗認識的一切假相，顯示諸法常住不變的真相。通過修習佛法而獲得成佛的途徑，了悟本體自性是絕對的最高境界，不要拘泥於言語文字，教外別傳。我以此法傳授給迦葉。"

以上便是歷代禪門所舉唱的"拈花"公案，儘管事跡為禪宗所杜撰，但揭示出南宗禪"不立文字，教外別傳，直指人心，見 性成佛"的宗旨。

正因為"以心傳心"，所以，禪宗認為言語文字是無法表述"悟"的內容的，這種以心傳心的境地就稱為"不立文字"。既然重

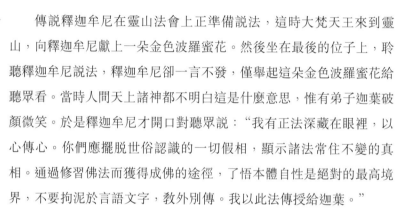

明代陳洪綬所繪《無法可說》，闡明禪的要旨乃直載心源，明心見性，不可言說。

在"以心傳心"，就必然要求修禪者不執外修，不假外求，明心見性，轉迷開悟。按禪宗的說法，所謂"明心見性"，即是用般若智慧觀照自己的本來面目，即人本有的心性。本體心性的真實性如何，難以言傳，"如人飲水，冷暖自知"。

6. 何謂"楞伽禪"與"般若禪"

自達摩授予慧可4卷《楞伽經》後，慧可門下出現了一大批以《楞伽經》為修行法門的僧人。這批僧人號稱"楞伽師"，他們既繼承達摩禪系，又發展成為楞伽宗。因此，楞伽禪，即指以《楞伽經》為禪法心要的禪系。

在唐代淨覺集的《楞伽師資記》中，記述了楞伽禪八代傳承：(1)求那跋陀羅（《楞加經》的譯者）；(2)菩提達摩；(3)慧可；(4)僧璨；(5)道信；(6)弘忍；(7)神秀、玄賾、老安；(8)普寂、敬賢、惠福等。以上都屬於北宗禪系統。

道信及其弟子弘忍均住湖北黃梅雙峰山之東，他們開創了"東山法門"禪法，在當時頗有影響。他倆雖被列

禪宗第四祖道信大師

入楞伽禪八代祖師傳承中，但他們所建立的"東山法門"卻有別於楞伽禪。因為"東山法門"一方面仍依《楞伽經》重"心"的禪學思想；另一方面卻主要依《文殊説般若經》（簡稱《般若經》）的"一行三昧"，

同時，還吸收了《法華經》、《華嚴經》、《維摩經》等大乘經典中"即心即佛"的思想。我們把這種將《楞伽經》如來藏佛性思想和《般若經》性空理論相結合的禪法，稱為"般若禪"。

般若禪對於"即心即佛"説的發展起到了促進作用，特別是道信禪師首倡了任運自然的新風。他説："亦不念佛，亦不捉心，亦不看心，亦不計念，亦不思維，亦不觀行，亦不散亂，直任運。亦不令去，亦不令住，獨一清淨，究竟處心自明淨；或可諦看，心

禪宗第五祖弘忍大師，師從道信，後將衣缽傳給慧能。

禪的基本含義

即得明淨。"（見《楞伽師資記》）這種"任運"說，無疑是對楞伽禪的壁觀坐禪和頭陀守戒等有重大突破，同時，也是對後來慧能南宗禪的開創奠定了基石。

道信禪師的另一弟子，住在南京西南牛頭山的法融，創立了以般若空觀為宗綱的"牛頭禪"。牛頭禪主張以"虛空為道本"，認為"實相者，即空無相也"、"無心合道"、"無念即無心，無心即真道"、"喪我忘情為修"等，均受到莊玄思想的影響。同時，還受有三論宗、天台宗所謂"若眾生成佛時，一切草木亦得成佛"以及"無情有性說"的影響，故牛頭禪有"青青翠竹，盡是法身；鬱鬱黃花，無非般若。"的名句，此代表了牛頭禪的基本思想。依印順大師說："中華禪的建立者，是牛頭。應該說，是'東夏之達摩'——法融。"（印順《中國禪宗史》）

貳‧禪的入門方法

　　這裡所說的禪的入門方法，是指坐禪的三種基本方法：即調身、調息、調心。何謂"調"，即調和、調理、調整的意思，初學坐禪的人必先學會如何調身、調息、調心。就好比器樂演奏家一樣，不管是彈鋼琴還是拉小提琴，或是拉二胡彈琵琶，無一不是預先要調弦正音，音準後才能進入演奏。又如燒磚瓦製陶器的師傅一樣，必先將泥調和，不乾不濕，不硬不軟，恰到好處，才可填入範模或上陶輪製作成形，然後入窯燒製，火候也要得當，這樣才能製造出好的磚瓦和陶器。日常生活，這樣的事例很多，不一而足。

蘇軾書禪

1. 調身

所謂"調身"，即在坐前、坐中、坐後應經常注意對身體姿勢的調整。

坐前，無論是處於行進，還是處於止立等狀態，必須預先調整身體，使之進入安詳的狀態。要做到這一點並不難，身體本來就處於安詳狀態者，很快就可以入坐，身體雖不很安詳，但稍加調整後很快進入安詳狀態者，也可入坐。

入坐前，還須選擇適當的地點。最好是選擇一靜室或無喧鬧的空閒處，這樣便於坐禪入定，特別對初學者來說，尤為重要。因為在人

選自《吳友如畫寶》

來人往和喧鬧的地方，干擾太大，會影響坐禪入定。除非功底極高的修禪者，方可做到旁若無人，心如死灰，萬有俱空，萬籟俱靜。

入坐時，可坐於靜室床上，或凳、椅上。如選擇的地點是室外或野外空閒處，或備凳、椅而坐，或坐於較平的石上，也可席地而坐。入坐時最好是衣帶寬鬆，不可緊束，也不可脫落。

坐時，必有一定坐法，最佳坐法是結跏趺坐，如《大智度論》卷七："諸坐法中，結跏趺坐最安穩，不疲極，此是坐禪人坐法。"據說此坐法是釋迦牟尼的坐法，我們常看到的坐佛像即是如此。"結跏趺坐"，趺，指腳背，其坐法是兩足交叉置於左右股上，足掌心向上稱為"全跏趺坐"，俗稱"雙盤坐"。如果單以右足押在左股上，或單以左足押在右股上，便稱為"半跏趺坐"，俗稱"單盤坐"。對於初學坐禪的人來說，"全跏趺坐"較難做，年輕人容易學會，上了年歲的人（尤其是50歲以上者）不易學會。因此，年紀大一點的人宜採

難以入坐的三種情況

有以下三種情況短時間內難以調整入坐：一是入坐前運動量過大者，如重荷體力勞動、體育鍛煉、軍事訓練、長途跋涉等等，凡此必氣息粗獷，一時難以安定。二是入坐前有過粗暴舉動者，如打罵鬥氣、舉止粗魯等，如此心野放曠，談何入坐。三是心煩意亂者，喜怒無常，情緒波動，浮躁不安，久久不能平息，自然談不上入坐。

用"半跏趺坐"，或有連"半跏趺坐"都難做者，可以採用"善跏趺坐"（又稱倚坐，為彌勒佛坐式），即雙腿垂坐，這是最易做到的。不管採用以上哪種坐法，均不得使身體前後左右傾斜，必須端正。

21

其次，雙手結"禪定印"式，即將左手背疊於右手掌上，貼近小腹，輕輕放置於雙腿間。

如上所說，坐時，身體要端正，頭頸也要端正，脊骨既不挺又不要彎，使鼻端與肚臍相對如垂直線，頭不低也不昂。然後張口吐出腹中穢氣，再以舌頭抵上顎，由口鼻慢慢吸入清新空氣三次以上，次數多少聽人之便。再閉口，唇齒相觸，舌依然抵上顎，兩眼微啟微閉。入坐中，如稍感身體有俯仰傾斜時，應輕輕加以調整矯正。

坐禪結束後，先張口吐氣若干次，以便使身體散熱，然後舒緩搖動身體，再動肩胛和頭頸，慢慢舒展雙手和雙腳。其次，再以兩大拇指背摩擦生熱後，擦兩眼皮，然後睜眼，再擦鼻頭兩側。再次，以雙手掌相搓生熱後，擦兩耳輪，再擦撫頭部、胸部、腹部、背部、雙臂、雙腿，直至腳掌心為止。

以上便是坐禪調身的方法。

唐代所造思惟菩薩像

2. 調息

　　所謂"調息"，即指調和呼吸，這是坐禪入門的最重要的功夫。
人的呼吸主要從鼻孔中出入，出氣為呼，入氣為吸，一呼一吸稱為一
息。

　　隋代天台宗創始人智顗在《修習止觀坐禪法要》（亦稱《童蒙止
觀》）中，將呼吸分為四種表相：（1）風相：即指坐時鼻中一呼一吸，

感覺有聲音。(2) 喘相：即指坐時雖然感覺不到一呼一吸有聲音，但呼吸結滯不通。 (3) 氣相：即指坐時呼吸雖然沒有聲音，也不結滯 (急促) ，但一呼一吸不細。 (4) 息相：即指坐時呼吸既無聲音，也不結滯，又不粗，一呼一吸綿綿，若有若無，有助於精神安穩，情緒飽滿。他認為風、喘、氣三相是不能達到調息目的的，因為有風相者則息散 (不集中) ，有喘相者則息結 (不通) ，有氣相者則勞 (不安定) 。有此三相者，心亦難定，必須注意調息，一是使心安定，二是使身體放鬆，三是想氣息似乎從身體的每一毛孔出入。

初學坐禪的人，應注意調和鼻息，深、淺、粗、細、長、短、急、緩要得當，不要時深時淺，也不要時粗時細。方法是由鼻孔吸入至喉，再至胸，再至腹部，然後再由腹部至胸、至喉，再至鼻孔呼出。如此循環吐納，但宜輕緩，長短均勻。也可以採用數息法，即將出息和入息，由 1 數至 10，反覆練習，可以達到調息的目的。

以上是調息的基本方法。

3. 調心

人之所以區別於一般動物，就在於有思想意識，這種精神現象是由大腦思維形成的，而大腦的思維活動又是在主體與客體的相互作用中形成的。禪宗重在"心"

調伏妄心

坐禪之"調心"，旨在調伏妄心。心生念 (憶想分別) ，念又分為"妄念"和"正念"。由於"妄念"而產生世俗世界，便執着於言語文字和一切名相。禪宗以"正念"為其最重要的教義，只有"正念"才能認識本體的真實性，覺悟到世俗世界的"空"、"無"。

字，即泛指一切精神現象。

　　初學坐禪的人，往往會出現兩種現象：一種是心中散亂，一會兒想這，一會兒想那，雜念很多，難以堅持坐下去，即使勉強維持，也不可能入定。第二種是坐不久便心中昏沉，容易瞌睡，也達不到入定的目的。

　　出現上述兩種狀況，如何調伏呢？對於心中散亂者，應將心中一切雜念盡力排除，什麼事都不要去想，時時都要警覺，不使一念再生，甚至連自己的軀體都要視為外物，心中之物和心外之物統統放下，專心一念存想於小腹中間，或默想一圖像，這樣便會慢慢安定下來。其次，對於昏沉易睡者，應振作精神，專注鼻端，或採用數息法，避免昏沉欲睡。入坐之前已感疲困者，不宜入坐，待疲勞消除後，再入坐。

　　綜上，調身、調息、調心三種基本方法不能分割，應在坐禪時同時運用，才能收到更好的效果。

叁・禪宗的修行方式

　　禪宗的修行方式種類繁多，在"禪的宗派與禪師"一章中已有所涉及，但不是專論修行方式。以下僅就禪宗的常見的幾種修行方式作簡要介紹。

于谦书禅

1. 參禪

參禪，是禪宗修行的最基本的
方式。"參"，即參究的意思，"參
禪"，即參究禪道，以求"明心見
性"。參禪的方法很多：獨自打
坐，靜心審思；參見禪師，以求開
示；禪師與學人的機語回答；參
"公案"；參"話頭"，等等，都可
以叫做"參禪"。

初學參禪的人，不管採用什麼
樣的形式參究禪道，大多（也可以
說，幾乎所有的人）都執着心外之
物，便會陷入言語文字、分別意
識、邏輯判斷等"妄念"（或稱"妄
心"）的窠臼，迷而不悟，禪宗歷代
祖師大德最初參禪時，也概莫能
外。要轉迷開悟，必須將心外之事
和物徹底放下，以"正念"（或稱"無
念"）直截本體心性，才能覺見真如
佛性。

貼金彩繪菩薩立像（北魏晚期至東魏）

禪宗把"參禪"作為一條清規，《百丈清規》卷二："凡集眾開
示皆謂之參。"有"朝參"（指早餐後進堂聽禪師說法）、"晚參"（指
傍晚集會聽禪師說法）等儀式。

2. 參公案

"參公案"，即指參究"公案"中的禪宗歷代祖師大德的言行，從中悟出禪理。這種修行方式始於唐代，興盛於宋代。

所謂"公案"，原本指古代官府判決是非的案例。禪宗借用"公案"一詞，並引申為將歷代禪師的語錄作為學人參究的對象，以此判斷迷與悟，啟發智慧。

初期的禪宗力主"內證"禪法，即自我"體認"和師生之間的相互"參究"。中晚唐到五代，除少量記述禪師的《語錄》外，很少有文字留下來。到了宋代，不僅《語錄》增多，記言形式的《傳燈錄》也隨之而出現，特別是匯編"公案"的"拈古"、"頌古"之風大興，後又在"拈古"、"頌古"基礎上，大加"評唱"、"著語"、"擊節"之類，註疏"公案"。使參公案的修行方式愈演愈烈。著名的公案結集有《碧岩錄》、《正法眼藏》、《無門關》、《擊節》、《從容錄》、《人天眼目》、《空谷集》等。

禪門公案包括些什麼內容呢？簡要地說有：（1）記述歷代禪師的軼事，也包括釋迦牟尼佛及文殊、普賢等菩薩、西天二十八祖等有關禪的故事；（2）記載歷代禪師的語錄，如說法時的示眾語、參究時的禪機酬答、偈頌等；（3）陳述歷代禪師的問題，即所謂"話頭"；（4）闡述禪宗"五家七宗"的禪法

公案的數目

據禪宗史籍稱，公案有1700則，不過通常使用的頂多在500則左右，況多有重複，為禪門經常參的公案就少得多了。一般以參慧能、南岳、青原、馬祖、百丈、南泉、趙州、黃檗、臨濟、溈山、仰山、洞山、雲門、黃龍等禪師的公案為主。

宗風。

那麼，參公案起什麼作用呢？大致可歸納為以下五點：（1）作為禪門中學人能參禪悟道的工具，要求活學活用；（2）作為考驗學人的方法，測驗其悟性程度；（3）作為禪師權威宗風，通過"殺"（即迅速截斷學人的妄想迷執）、"活"（即復活、開啟學人的悟性）之機，集中心力；（4）作為學人是否開悟的印證，也就是真如本體（指絕對真實的心性本源）的客觀化；（5）作為學人修禪的究竟（即對佛性領悟的程度）的指示，以便達到"見性成佛"的目的。

3. 看話頭

"看話頭"，是宋代大慧宗杲禪師所創的"看話禪"修行方式。"話頭"，是指公案中歷代禪師某些機語的題目。"看話頭"，即對這些

大慧宗杲

　　大慧宗杲禪師，17歲出家，次年受具足戒，因參圓悟克勤禪師而徹悟。南宋紹興七年(1137年)住浙江餘杭徑山能仁寺，其禪法被稱為"看話禪"。

題目的內省式參究。大慧宗杲禪師經常舉的"看話頭"，便是唐代趙州從諗禪師的著名公案"狗子佛性"：

　　一天，有一僧問趙州從諗禪師："狗子有無佛性？"禪師回答："無。"其僧又問："上自諸佛，下至螞蟻小蟲，均有佛性，為什麼偏偏狗卻無呢？"禪師回答："因為它有語言、行動和意識。"又有一僧問："狗子有無佛性？"禪師回答："有。"這僧又問："既然有佛性，為什麼撞入這個皮囊（指狗的軀殼）裡？"禪師回答："因為它明知故犯！"

　　這則公案中的"無"字，即是"話頭"。此話頭（"無"）便成為後來禪門中主要參的題目。如黃檗希運禪師在《傳法心要》中說："必須在十二時辰中看這個'無'字！白天參，晚上參，行住坐臥，穿衣吃飯，屙屎拉尿，心裡時時刻刻都要守着這個'無'字。日久月深，打成一片，頓悟佛祖之機。"大慧宗杲受此啟發，倡"看話禪"，認為如果在"無"字上生出疑團，

大慧宗杲禪師

“大死一番”，進而“絕後復蘇”，便可大徹大悟。宋代無門慧開禪師在《禪宗無門關》中，將“狗子有無佛性”公案列為首則，並說：“參禪必須要通過禪宗祖師的三道難關（即初關、重關、牢關），要直觀直悟，不可用心理意識去推度揣摩。難關不能

通過，心理意識不能絕除，而以他人的言語作為自己的解釋的話，那自己就不能有真正的見解。依我看禪宗祖師的難關，只這個‘無’字，即是宗門第一關。因此，我把它定名為‘禪宗無門關’。能通過此關的人，不僅有如親自見到趙州從諗禪師，而且可以說猶如與歷代祖師攜手同行，眼見耳聞相同，豈不慶幸快活？”接着又說，這個“無”字，學人“不可當作虛無的無來領會，也不可當作有無的無來體會”，如果僅僅執着於有無，就不可能達到自在無礙的境界。因為“無”既超越一切，又包含一切。

4. 禪機

禪機，又稱為機鋒。機，是指參究禪道時禪師為接引學人所設的“機關”，即為了讓學人放下執着轉迷開悟的機語；鋒，是指禪機尖利敏銳，以便讓學人能活學活用。

這種修行方式，主要表現為禪師與參禪者的對機酬答，或禪師在

接引學人時，常以寄意深刻，無跡可求，甚至採用非邏輯、非理性的言語示人，也有採用喝叱、棒打、圓相、豎拂子（或稱拂塵，用於驅趕蚊蠅的器物）、挂杖（禪杖）、手指、踢倒淨瓶等禪機，考驗學人

是否能契合禪理。

《古尊宿語錄》卷一說：馬祖道一禪師門下有84位弟子，有幾人得大機，幾人得大用？"大機"，是指無跡可求，微妙幽深的機鋒，"大用"，是指對禪機的運用極靈活又敏銳。

據說，有一次馬祖道一禪師偕弟子百丈懷海同行，時見一群野鴨子飛過。禪師即問："這是什麼？"百丈懷海回答："野鴨子。"禪師又問："什麼地方去了？"百丈懷海回答："飛過去了。"於是，禪師使勁捏百丈懷海的鼻子，百丈懷海負痛失聲。接着禪師又問：

"何曾飛去？"百丈懷海於言下有所省悟。

百丈懷海回到僧房，放聲大哭。當時有一僧問道："師兄想念父母了嗎？"百丈懷海回答："沒有。"其僧又問："那是被人罵了嗎？"百丈懷海回答："也不是。"其僧又問："那你哭什麼？"百丈懷海回答："我的鼻子先前被馬祖大師捏得疼痛難忍。"其僧不解，又問："什麼原因？"百丈懷海回答："你去問馬祖大師好了。"其僧於是前去問馬祖道一禪師："師父，懷海師兄為什麼在房裡痛哭？"馬祖道一回答："這是他悟道了，你去問他吧。"其僧回到僧房，告訴百丈懷海："師父說你開悟了，叫我來問你。"百丈懷海聽後哈哈大笑，其僧感到很驚訝，便問："先前哭，現在笑，是何道理？"百丈懷海自言自語說："先前哭，現在笑。"弄得這僧莫名其妙。

依禪宗看來，浩瀚世界，森羅萬象，其本質是"空"、是"無"。野鴨子飛過是一種虛妄之相，哪有飛過去，飛過來的分別。百丈懷海由於執着於虛妄之相和差別意識，故難以悟得禪機。馬祖道一禪師捏百丈懷海的鼻子，乃是大機大用，破除其迷執，使百丈懷海頓悟禪旨。

另有一則公案，饒有禪趣：

有一天，溈山靈祐禪師上堂對眾門人説："在你們當中有不少人只得大機，而不得大用。"仰山慧寂待師父説法後，便下山去問庵主："請問庵主，我師父今天説：有不少人只得大機，而不得大用。此話作何理解？"庵主回答："請你再説一遍。"仰山慧寂正準備再説時，話尚未出口，便被庵主一腳踢倒。仰山慧寂回到山上，將此事告訴溈山靈祐禪師，禪師聽後哈哈大笑。

溈山靈祐禪師的意思是説：有許多人並未真正了悟禪宗大法機用，只學得一些禪機對答的話語，卻不能在實際中真正地領會和運用。仰山慧寂問師父和庵主，是只得大機，而庵主一腳踢倒仰山慧寂，即讓他明白「大用」。

5. 棒喝

「棒喝」，是禪師接引學人的一種方法，即學人參禪時，向禪師提問，而禪師往往不用言語回答，卻用棒打或大喝一聲應對，以此暗示和警醒學人，不要迷執於言語、文字和分別意識，而是要讓學人頓悟本體心性。

據說唐代百丈懷海禪師參見馬祖道一禪師時，二人問答剛結束。馬祖道一便振威大喝一聲，震得百丈懷海兩耳發聵，耳聾了三天。

後來，百丈懷海禪師對眾門人說：「佛法非同小可，老僧過去曾被馬祖大師一喝，接連三日耳聾。」弟子黃檗希運聽後，不禁連連吐舌，驚異不已。

一次，有一僧問百丈懷海禪師：「什麼是奇特事？」百丈懷海回答「獨坐大雄峰（即百丈山）。」於是那僧以禮相拜，百丈懷海舉棒便打。

馬祖道一禪師的大喝一聲和百丈懷海禪師的舉棒便打，都體現了江西洪州禪的大機大用的宗風，也是棒喝這種接引學人方法的發端。

百丈懷海的弟子黃檗希運繼承和發揚了大機大用的宗風，並開啟了臨濟宗的創始人臨濟義玄對這種宗風的進一步發揮和運用。

臨濟義玄接受師兄睦州道明的建議，前往參問黃檗希運禪師，話還沒問完，黃檗希運舉棒便打，臨濟義玄只好退了下來。睦州道明見此便上前關心地問道：「參問的結果怎麼呢？」臨濟義玄有點喪氣地回答：「我話音未完，師父舉棒便打。」睦州道明鼓勵他說：「沒關

係，再去問。"臨濟義玄又進去問師父，黃檗希運舉棒又打。如此，三度問話，三度被打。

黃檗希運禪師三次棒打臨濟義玄，有如婆婆心切，旨在破除其迷執妄念，頓悟真如佛性。

後來臨濟義玄創臨濟宗，其三句、三玄、三要、四賓主、四料簡、四照用，以及接引學人時之三拳、四喝等，便是受益於黃檗希運禪師。

唐代德山宣鑒禪師同樣受黃檗希運禪師的啟發，在接引學人時常用棒打機法。

一天，德山宣鑒上法堂對眾弟子說："諸位，今天如果有人提問捶我30棒，不提問的也捶我30棒。"

後來，德山宣鑒的弟子岩頭全豁對此公案評道："德山老人平時只有一條白棒（即空棒，表白之意），佛來也打，祖來也打，不管什麼都適合。"

上面說的，即是歷來禪門稱頌的"臨濟喝，德山棒"。可見臨濟義玄和德山宣鑒是"棒喝"的集大成者。

後世把警醒人們執迷不悟稱為"當頭棒喝"。

6. 呵佛罵祖

"呵佛罵祖"，也是禪師接引學人的一種啟示方法。如果從理性認識和邏輯判斷去看，呵罵佛祖是大逆不道的。然而，禪宗卻與世俗的見解相悖，以非理性、非邏輯性，反其道而行之，主張自心是佛，自我作主，立處皆真，因此，要求參禪者不應執着於心外之物，不迷信權威和經典。在參究禪道時，禪師常用"呵佛罵祖"的名句來啟發和警醒學人，以便證道成佛。

試舉一則公案說明：

一天，德山宣鑒禪師上法堂對眾弟子說："我與先輩祖師的見解不一樣，我這裡無祖無佛，達摩祖師是一個老臊胡，釋迦牟尼佛是乾屎橛，文殊和普賢菩薩是擔糞漢；等覺和妙覺是破除迷執的凡夫，菩提涅槃是拴驢馬的木橛，十二分教是鬼神簿、擦膿瘡的紙；四果三賢、初心十地是守古墳的鬼，統統不能解救自己。"眾人聽了驚得發呆。

德山宣鑒這段話是典型的"呵佛罵祖"，在他的內心中是無祖無佛的，惟存本體心性的真實。因此，他罵達摩祖師是滿身狐臊氣的老蠻夷，罵釋迦牟尼佛是拭糞的乾木片，文殊、普賢菩薩是兩個挑糞的漢子。"等覺"和"妙覺"本是大乘菩薩修行52位中的覺位，前者是

第51位，等似之覺，即去佛的妙覺一等之位；後者是52位中的終極，即佛陀的覺位，這二者都被德山宣鑒說成是破除迷執的凡夫。"菩提"，是指對佛教真理的覺悟，是通往涅槃（不生不死的最高境界）之路，是佛教徒的終極關懷，而被德山宣鑒說成是路邊拴驢馬的木椿，即永久束縛。"十二分教"，即指十二部經（即佛教經典），而德山宣鑒把經典說成是閻羅殿的鬼神簿，是擦拭毒瘡膿水的草紙。"四果"，是小乘佛教聲聞乘的修行聖果；"三賢"，是大乘十住、十行、十回向的修行方法；"初心"，即未經深入修行之心；"十地"，是大乘菩薩修行的十地，必須修十勝行、斷十種障礙，證十種真如。以上四果、三賢、初心、十地的修行方法，均被德山宣鑒罵作守古墳的鬼。進而認為佛、祖、經典、修行果位、法門等均不能解救自己。那什麼才能解救自己呢？只有本心"無祖無佛"，直悟本體心性，才能任運無礙，達到真如佛性的境界。

臨濟義玄較之德山宣鑒有過之而無不及，他在接引學人時，也常以"呵佛罵祖"的方法化導學人。

臨濟義玄禪師說："佛教經典，不過是擦拭污垢的舊紙，佛是虛幻的化身，祖師是老和尚。你還是娘生的嗎？你如果求佛，就會被佛魔束縛，你若求祖師，就會被祖師捆住。你假如有所求都必然會陷入苦惱之中，不如無事。有一些禿頭和尚對學人說：佛是最高的真理，經過相當長時間的修行，功德圓滿後才能悟道成佛。各位參禪的學人，你們如果說佛是最高的真理的話，那為何釋迦牟尼80歲時會在拘屍羅城雙林樹間側臥而死去呢？佛現在何處？顯然同我們一樣有生有死。"

進而，他又說："各位參禪的學人，你們如果獲得禪教大法的義理，就不要受別人的迷惑，心裡心外，遇到迷執便殺。遇佛殺佛，遇祖殺祖，遇羅漢殺羅漢，遇父母殺父母，遇親眷殺親眷。這樣不拘泥於心外的物相，才能解脫，任運無礙。"

"呵佛罵祖"的影響

"呵佛罵祖"所包含的不迷信權威和經典的思想，對於中國佛教個性化的發展起到了促進作用，同時對宋明理學產生了很大影響，為周敦頤、程顥、程頤、朱熹、陸九淵、王守仁、李贄等一大批思想家所吸取。

7. 默照

　　"默照"，"默"，指靜默，即沉思靜想；"照"，指觀照。"默照"，是通過靜坐入定，沉思冥想，達到觀照本心，生發智慧為目的的一種修行方式。這種修行方式是由印度僧達摩於南朝梁時傳到中國來的，即通過面壁靜坐入定，觀心如牆，息心澄慮，拾妄歸真。禪宗把這種修行方式稱為"壁觀"。這就是中國最初的"默照"修行方式。

天童宏智

　　天童宏智禪師，11歲出家，14歲受具足戒，18歲出遊參訪，23歲參丹霞子淳禪師豁然省悟。南宋建炎三年(1129年)住浙江寧波鄞縣天童寺，倡"默照"禪風。

　　到了宋代，宏智正覺禪師繼承和發展了達摩的"壁觀"修行方

式，倡導"默照禪"。
他認為，心是佛性的
本源，也是眾生的靈
府，由於日積月累便
被塵世所污染，因此
與佛性隔離。如果能
通過靜坐默照，逐漸
地將心靈的塵垢揩磨
清淨，去掉塵世的妄

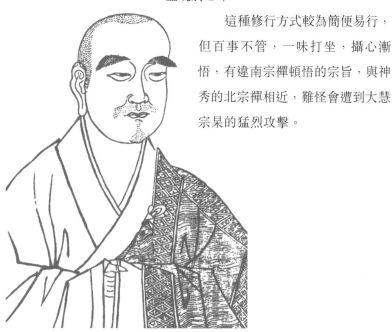

大慧宗杲對默照禪的批評

大慧宗杲批評"靜應諸緣"、"默容萬象"的
"默照禪"是"教人隨緣管帶，忘情默照，照來照
去，帶來帶去，轉加迷悶，無有了期。"他還批評
一位修默照禪的士大夫説："你還死坐在默照處，
一定是被邪師引入了鬼窟。"

念，就會顯示出清淨圓明的心性本體。他説，"默照"這種修行方式
無須多少言語，默就是至言，只管打坐，默默忘言，一切都會清楚地
盡現於心中。

　　這種修行方式較為簡便易行，
但百事不管，一味打坐，攝心漸
悟，有違南宗禪頓悟的宗旨，與神
秀的北宗禪相近，難怪會遭到大慧
宗杲的猛烈攻擊。

天童宏智禪師

重慶大足縣寶鼎山石窟第30號《牧牛圖》石刻造像。

8. 十牛圖的冥想法

"十牛圖的冥想法"，是以《十牛圖》的圖像為冥想的對象，用以調伏心意的漸修方式，實際上也是一種"默照"的修行方式。

據説《十牛圖》為宋代廓庵師遠禪師繪圖並撰偈頌，也有人説是清居禪師所作，以牧牛喻調心為主題，繪10幅圖像，每幅圖像附有一偈頌，以此來説明修禪方法和順序。

第一尋牛圖，畫一牧牛者在山林間右手執鞭，左手搭涼篷，舉目四望，呈尋牛狀。偈頌云：

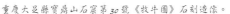

茫茫撥草去追尋，水闊山遙路更深；

力盡神疲無所見，但聞楓樹晚蟬吟。

以此比喻人心中本來所具有的佛性，因被塵世所污染，患得患失，就好比放失的牛一樣，心野了，費勁去找，難以尋覓到。

冥想時，默照自己的本心是否被妄念所障蔽，尋於得失是非之中。

第二見跡圖，畫牧牛者在尋牛中，低頭看見路上有牛的蹄跡。偈頌云：

> 水邊林下跡偏多，芳草離披見也麼？
> 縱是深山更深處，遼天鼻孔怎藏他？

以此比喻人瞭解了經教的義理後，才逐漸懂得了尋找本心的方向。

冥想時應根據佛教義理所指引的方向，去默想自己本心被妄念所迷惑的原因，從現象中找到本質。

第三見牛圖，畫牧牛者在柳岸邊看到了牛。偈頌云：

> 黃鸝枝上一聲聲，日暖風和岸柳青；
> 只此更無迴避處，森森頭角畫難成。

以此比喻人通過佛法的修行功德後，發現自己本來所具有的真如心性。

冥想時應以佛法所指引的正念，去發現自己的本體心性。

第四得牛圖，畫牧牛者找到牛後，牽牛行進，但牛仍昂首不願歸。偈頌云：

竭盡精神獲得渠，心強力壯卒難除；

有時才到高原上，又入煙雲深處居。

以此比喻人雖發現了自己的本體心性，但僅僅是開始，煩惱的習氣並沒有完全消除，如同剛找到牛一樣，倔強的脾氣一時難以馴服，如果再放，仍有丟失的可能。因此，人的本心若再放失，就須再加修習。

冥想時應檢討自己還有哪些煩惱障蔽未能消除。

第五牧牛圖，畫牧牛者一手執鞭，一手抓住牛的鼻索牧放，惟恐野性未改，再度丟失。偈頌云：

鞭索時時不離身，恐伊縱步入埃塵；

相將牧得純和也，鞭鎖無拘自逐人。

《牧牛圖》局部「馴服、無礙」，寓意煩惱妄念盡除，本體心性自在無礙。

　　以此比喻人的心如果再放，是否如牛再放而再度丟失呢？時時都
要警覺，應以佛教的義理來鞭策自己，使之心地純和明淨，不再受塵
埃的污染。

　　冥想時應以禪教大法的宗旨警覺自己，讓自己的本心純和明淨。

　　第六騎牛歸家圖，畫牧牛者橫笛騎牛喜悅歸家的情景。偈頌云：

　　騎牛迤邐欲還家，羌笛聲聲送晚霞；

　　一拍一歌無限意，知音何必鼓脣牙。

　　比喻人脫離了情識妄想的束縛，還原其本具之心，如同騎牛歸家
一樣，心情舒暢。

　　冥想時若煩惱妄念盡除，便會獲得本體心性的自在無礙。

　　第七忘牛存人圖，畫牧牛者安閒地坐在家門前。偈頌云：

　　騎牛已得到家山，牛也空兮人也閒；

紅日三竿猶作夢，鞭繩空頓草堂閒。

以此比喻人一旦還原本體心性，達到無為的境界，便處於安適恬靜的狀態，就如忘牛不牧，只有自我存在。

冥想時只存本體心性，彷彿心外的一切都不復存在。

第八人牛俱忘圖，僅畫一圓圈，圓內空白。偈頌云：

鞭索人牛盡屬空，碧天遼闊信難通；

紅爐焰上爭容雪，到此方能合祖宗。

以此比喻物我兩忘，凡聖共泯，萬相皆空。

冥想時達到自我和世界一切都不復存在的狀態，既沒有凡俗的情識，也沒有聖教的權威，一切皆空，惟存真如佛性。

第九返本還原圖，畫一樹紅梅、幾枝翠竹，祥雲繚繞。偈頌云：

返本還源已費功，爭如直下若盲聾；

庵中不見庵前物，水自茫茫花自紅。

以此比喻人的本體心性原本就是清淨無染的，既無煩惱，也無妄念，清清世界，朗朗乾坤，諸法實相惟存本體心性之中。

冥想時一切皆無，一切皆空，當識諸法實相為本體心性。

第十入鄽垂手圖，畫一行腳童子問路，一僧垂慈悲手濟度眾生。偈頌云：

露胸跣足入鄽來，抹上塗灰笑滿腮；

不用神仙真秘訣，直教枯木放花開。

以此比喻證得真如佛性後，進入市井，不偏居於自覺（自己覺悟），更應利他，即以慈悲心濟度眾生。

冥想時不能只想到自己覺悟成佛就萬事大吉，而且更應該想到如何到世俗間去幫助大眾覺悟成佛，這就是大乘佛教所說的自覺、覺他的菩薩行。

9. 頓悟

"頓悟"，即指不需要經過長期的修行逐漸領悟，而只須在"一念"（"剎那間"）之中，便能"明心見性"，悟得真如佛性。這是以慧能為代表的南宗禪修行方式的宗旨。

正因為有"頓悟"和"漸修"之分，中國禪宗史上才有南宗禪與北宗禪、"南頓北漸"之說。

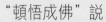

"頓悟成佛"說

在慧能之前，東晉僧道生首倡"頓悟成佛"說，但他是基於佛教義學，即在對佛經的"慧解"、"研思"的基礎上提出的，儘管體現出不死守文句的精神，可仍然沒有脫離經教。

後來慧能在"頓悟成佛"說的影響下，創立了自成體系的"頓悟"修行主張。他認為眾生本來就具有成佛的可能性，迷執妄念不過是受塵世的長期污染，即使眾生陷入了迷妄煩惱之中，可是本來所具有的成佛的可能性不會因此而消失，不管處在什麼地方甚至於日常生活中，只須剎那間體認本心，即可頓悟成佛。這就是所謂"放下屠刀，立地成佛"。

"頓悟成佛"既縮短了修行的時間，又是最簡便易行的方式。因為只需剎那間（即"一念"），如慧能自己所說："迷來經累劫[1]，悟則剎那間"，問題就看這一剎那間所生的"一念"是"愚"[2]還是"智"[3]。因此，他說："一念愚即般若[4]絕，一念智即般若生。"正因為"頓悟成佛"在

（1）劫：佛教採用的時間單位，一劫相當於四十三億二千萬年。

（2）愚：即迷執妄念。

（3）智：即辨別現象、判定是非善惡的認識能力。

（4）般若：通過智慧到達涅槃的彼岸。

一念之間，所以，這種修行方式不管任何時間（十二時辰），也不管任何地方(在家在寺，乃至日常生活中)，也不管處於什麼狀態(行、住、坐、臥)都可以，也可能"頓悟成佛"。如此簡便易行，在頓悟派看來，讀經、念佛、坐禪等傳統修行方式便成了多餘的事。

10. 漸修

"漸修"，即指循序漸進，逐步領悟禪法要旨的一種修行方式。以神秀為代表的北宗禪極力提倡"漸修"禪法，以坐禪、念佛為形式，重在觀心、守心，息滅妄念的漸悟過程。

選自《吳友如畫寶》

神秀主張的"漸修"禪法,是受《楞伽經》的影響。該經關於"漸修"問題,認為要息滅妄念,必須是循序漸進,不能一下子完成。如同製陶工匠一樣,凡製造陶器必然要有一個過程(合泥、入模、脫胎、裝飾、上釉、燒窯等)才能完成;又如大地萬物生長,又如世人學習音樂、書畫,等等,都是逐漸形成和發育的,禪的修行也是如此。因此,神秀在弘忍禪師門下因競選法嗣而作的示法偈:"身是菩提樹,心如明鏡台;時時勤拂拭,勿使惹塵埃。"顯然是受《楞伽經》中"漸修"的啟示。他以菩提樹和明鏡台來比喻眾生的本體心性,認為眾生本來具有心地明淨和成佛的可能性,但被煩惱妄念所障蔽而不能顯現,就如明鏡一樣,日久會被沾上塵埃變得昏暗,不能鑒照;如果時時勤於打掃擦拭;就不會有塵埃,而使明鏡清淨明亮,便可照見本來面目。

"漸修"不僅僅是通過坐禪觀心,而且還要求把對經教的領悟結合起來,即所謂"拂塵看淨,方便通經"。

按理性認識和邏輯判斷,循序漸進符合一切事物發展的規律,即哲學上所講的"過程"。那為什麼"漸修"

北宗禪

神秀的"北宗禪"繼承了以道信、弘忍為代表的"東山法門",其核心是"觀心",即通過修持禪定,最後達到安靜明照,成就真如佛性。

的北宗禪法會遭到"頓悟"的南宗禪法的抨擊,並被後者所取代呢?因為從總體上看,禪宗是非理性、非邏輯性的,重在"唯心",特別是南宗禪主張不立文字,教外別傳,直指人心,見性成佛。這種不信權威,不依經教,不重形式,易於修行的方式,在中國傳統文化的氛圍中,自然更受歡迎。

11. 一行三昧

　　"一行三昧"是道信禪師依據《文殊説般若經》而首倡的一種修行方式，並以此作為"東山法門"的根本。認為由此把握諸法的"性空"本質，探得諸法的"唯心"本源，證實"一切諸佛法身與眾生身平等無二"，無有差別，這就是所謂"法界一相"，得此"三昧"者，可以使心地平靜，於物無所分別，即所謂"安心"。同時，認為在修行"一行三昧"之前，必先研習"般若波羅蜜"（即佛法智慧），按照經典所説的去修學，以便領悟"法界一相"，平等無二，無有差別。具體作法就是唯心念佛和實相念佛相結合的坐禪。神秀的北宗禪繼承了此法，着重於坐禪安心。這種修行方式受到了慧能的批判，指出：所謂"一行三昧"，就是説不管什麼時候、什麼地方、處於什麼狀態，都要以一種正直的真心進行修行。不要心頭想着邪念，口中卻又説着好聽的言詞，表面上説"一行三昧"，卻不用真心實意去修行。應當用正直的真心來修行，不應執着於任何佛法。迷執的人死盯着事物的表面現象，為"一行三昧"的字義所束縛，便信口説要常坐不動，不要胡思亂想，就是"一行三昧"。持有這種觀點的人，猶如無情的草木瓦石一樣。這些都是障礙修行悟道的原因。

一行三昧

　　"一行三昧"，又稱"一相三昧"，意思是指以法界(即真如、佛性、本覺、真心等)為觀想對象，並以此作為惟一修行的禪定。這就是《文殊説般若經》中所説："法界一相，繫緣法界，是名一行三昧。"所謂"一行"，即指"法界一相"，無有差別；所謂"三昧"，即指"定"（禪定）。

12. 定慧雙修

　　"定"，即禪定；"慧"，即智慧，天台禪又稱為"止（定）觀（慧）"，是佛教"戒、定、慧"三學之二學。"定慧雙修"，是指定、慧並行的一種修行方式，也是佛教大小乘、顯、密各宗共同的修行方式，但主張上有所不同，這裡只就禪宗而論，其他無須贅述。

　　早在《大般涅槃經》中就已有"定慧等"（即定慧同等）之說，《雜阿含經》中也有"修習心（定）與慧"之說，天台禪也主張"止觀雙運"。神秀的北宗禪同樣主張"定慧等"，但是建立在"有定無慧，有慧無定"的分離說的基礎上提出的。他認為如果要"定慧雙攝"，則必須通過觀心看淨的"漸修"才能達到。慧能的南宗禪對"定慧等"的主張則不一樣，他認為：南宗禪的法門，是以定、慧為本。大眾不要受"定慧有別"的迷惑，須知定、慧是統一的，不可分離。定是慧的本體，慧是定的運用。也就是說發慧之時，定在慧中；入定之時，慧在定中。如果能認識此義，就是所謂"定慧等"學。學禪悟道的人，切勿說：先入定而後發慧，或者說：先發慧而後入定，認為二者有分別。持這

六祖慧能

説禪

種觀點的人，有兩種跡象：一種是口頭說得好聽，心中卻懷邪念，空陳其定慧，這就叫做“定慧不等”。另一種是心中想的和口頭說的都正確，表裡一致，這就叫做“定慧即等”。按照自己的領悟去修行，不必爭論孰先孰後，如果執着於先後的分別，就同癡迷的人一樣。也不必去爭個勝負，如果這種迷執不根除，就會帶來我執和法執的煩惱，便使你看不清事物的本質，而始終停留在事物的表面現象上不能自拔。打個比方說，定、慧就好比燈光，有燈則有光，無燈便黑暗。以此可見，燈是光之本體，光是燈的照用。燈和光名字雖然有分別，但本體是統一的，定慧雙修的方法，即是如此。

慧能所說的“定”不同於傳統意義上的坐禪入定，他把禪定融入於行、住、坐、臥，乃至日常生活中任何時候、任何地方，開拓了禪定的新領域。

文殊菩薩（南宋大足石刻）

肆·禪與中國傳統文化

　　眾所週知，佛教是從印度傳入中國的一種外來宗教。禪宗是中國佛教的一個宗派，從源流講，禪宗的源與印度佛教有關，儘管印度佛教中沒有禪宗流派，而禪宗的流則是佛教的中國化。既言禪宗的中國化，必然與中國傳統文化有着極為密切的關係。

　　我們知道，中國傳統文化是以儒家思想為中柱的，道家和後來中國化的佛教起着夾輔的作用。禪宗在中國化的進程中主要受道家思想的影響，其次是受儒家思想的影響，成熟後的中國禪宗反過來又豐富了中國傳統文化。

趙孟頫書禪

香港寶蓮禪寺

1. 禪與中國道家、儒家思想

以先秦老莊為代表的道家思想是一種自然主義哲學，發展到魏晉又衍化出玄學。不管是先秦道家思想，還是魏晉玄學，都對禪宗產生了極大的影響。

老子首先提出了"道"的概念，認為"道"是天地的本源，是萬物的根本，不可言說，也不可名狀。無形無名是萬物的宗本，"道"以無形無為創生和培育萬物。"道生一，一生二，二生三，三生萬物"，"天下萬物生於有，有生於無"。"道"法自然。

莊子繼承和發揮了老子關於"道"的思想，指出：萬物各有其理，但"道"卻是無私的，因此無名。正因為無名，所以無為，無為而無不為。天下的是非聚訟紛紜未可定論，但無為卻可以定是非。至

太上老君混元上德皇帝

極的歡樂可以活躍身心，惟有無為才能獲得。可以説，天無為則自然清虛，地無為則自然寧靜，因此，天地兩者無為則相和合，便使萬物變化生長。恍恍惚惚，不知何處化生出來；恍恍惚惚，找不出一絲跡象來！萬物繁茂，都是從無為衍化出來的。所以説天地無為而無不為，人又怎麼不能學得無為呢！莊子還提出了"三忘"説，忘物，忘天，其名為忘己，忘己的人，就叫做與天融合為一。忘是非，心則安適，內心不變，外不從物，是處境的安適。本性常適而無所不安適，這就叫做忘適之安適。

魏晉玄學"貴無"，提出天地萬物"以無為本"，"象外之意，繫表之言"[1]。因此，力倡"忘言得意"、"得意忘象"等説。

作為佛教之一的禪宗，首先是繼承印度佛教大乘"性空"、"中觀"、"涅槃佛性"等基本理論，以"無"（非有非無）、"空"（色即是空，空即是色）、"唯心"（唯有本體心性才是真實的）、"真如佛性"（最高境界）為宗本。同時，受有老莊"無物"、"無情"、"無待"三無論，以及"忘物"、"忘己"、"忘適"三忘説的影響，"禪"與老莊之"道"一樣，宣稱不可言説。因此，禪宗主張以"無念[2]為

(1) 出自晉孫盛《晉陽秋》。

(2) 無念：不執着於分別意識。

説禪

56

宗，無相(1)為體，無住(2)為本"。(3)在參究禪道時，要求心無一物，不假外求，不立文字，直截心源，見性成佛，自然任運。在修行的過程中也含有魏晉玄學的"忘言得意"、"得意忘象"相近的含義。

以先秦孔、孟為代表的儒家思想，是以人為本的倫理哲學，可以"仁、義、禮、智、信"五字來概括，對於個人的修養來說，強調"修身、齊家、治國、平天下"。到了西漢，以董仲舒為代表，"獨尊儒術，罷黜百家"，提出"三綱五常"的倫理。至宋、明時，以宋代周敦頤、程顥、程頤、朱熹等為代表，掀起一股"新儒學"的狂潮，稱為"理學"；以南宋陸九淵，明代王陽明等為代表，又倡"心學"，總稱宋明理學。其主張"存天理，去人欲"，"即物而窮理"，即"理"至高無上，先天而存在，人只有不斷地探究這個"理"，才能去除各種邪惡的慾望。陸、王認為"心"是宇宙萬物的本源，人必須"明本心"、"致良知"，才能返本還源其真實的"本心"。

佛教從某種意義上講，是一種宗教倫理哲學，但它與儒家的入世思想不同，重在出世間。同時，它又與儒家的"三綱五

---

(1) 無相：不執着於事物表象。

(2) 無住：不執着於事物的固定本質。

(3) 出自《壇經》。

常"倫理相悖,主張"沙門不拜君親",見君主不拜,視父母親屬為路人,即所謂"怨親平等",進而提出"眾生平等",這與儒家的以"仁"為核心的平等博愛思想相近。儒家講"人性",禪宗也談"人性",如慧能在《壇經》中說:人性原本清淨,由於世俗的妄念掩蓋了真實的本體心性,如果斷滅妄想,本性自然就會恢復原本的清淨。萬法從人的自性中發展,就好比天之清澈,日月之明亮,為浮雲遮掩,上明下暗,忽然遇到風吹雲散,上下俱明,萬象皆現。禪宗受儒家人性善惡論的影響,也談修行佛性中的善惡,如五代宋初法眼宗僧延壽說:"如果從性善性惡來說,凡夫和聖人不變,諸佛無須斷除性惡,但於地獄中現法身,不被性惡所染;斷絕一切善根的人無須斷除性善,然而常具成佛正果的本體。如果就修善而論,就不同了,由於因果不同,便有愚、智的分別。修一念善,可以達到覺悟成佛的境地;起一念惡,將永久陷入苦海的輪迴中。"[1] 因此,宗門中提出"諸惡莫作"、"諸善奉行"的倫理準則,同時,"三學"(戒、定、慧)、"五戒"(不殺生、不偷盜、不邪淫、不妄

釋迦牟尼像

---

(1) 參見《萬善同歸集》卷中。

語、不飲酒）、"六度"（佈施、持戒、忍辱、精進、禪定、智慧）等，都是作為修行而去惡從善，開啟智慧的倫理法則。禪儒會通的雲門宗僧人契嵩，援儒入佛，他說：我喜歡儒學，今取其禪道與儒學相合處而論之。儒家所謂"仁、義、禮、智、信"，與禪教所説的"慈悲"、"佈施"、"恭敬"、

佛教對宋明理學的影響

東晉僧道生竭力宣揚"窮理盡性"，認為"佛以窮理為主"，"理則是佛，乘者凡夫"，對後來宋明理學的形成具有一定影響。禪宗的坐禪靜慮審思，和"直指人心，見性成佛"的頓悟修行方式，對宋明理學主張"習靜"，以靜去私慾，合"天理"以及"心學"等，給予了極大的影響。有些理學家表面上排佛，而實際上卻是援佛入儒或內佛外儒。

"無我慢"、"智慧"、"不妄言綺語"，雖然字面上不完全相同，但立誠修行善世救人的宗旨是相同的。並認為：儒家和佛教都是聖人之教，前者用以治世，後者用以治心。兩者相輔相成，缺一不可。儒家的"中庸"與佛教的"中觀"是相近的。他還融合儒家的"孝"論，在宗門主張：孝是天經地義的；應當把行孝、持戒、施善統一起來；重視孝道和修行持戒，目的是求福、養親；如果遇到父母去世，出家人雖不穿喪服，但須在心裡悼念，用三年的時間以心服喪，靜居修法，以助亡靈修造冥福。[1]

2. 禪與中國文學及藝術

佛教自傳入中國後，素有別稱為"象教"（形象教化）的佛教，以

---

(1) 參見《鐔津文集》。

其生動形象化的散（散文敘述或議論）韻（偈頌）結合的佛經文學語體，以及其中的傳記、譬喻、寓言、神話等，為中國文學注入了新的血液；造像功德說和佛像的傳入，開拓中國石窟藝術的興起和繁榮局面。佛教的某些概念，也為中國的文學與藝術理論帶來了新的轉折。以下僅就禪宗與中國文學藝術的關係略說一二。

禪宗自中唐至宋代日漸興盛，廣泛地受到文人士大夫的青睞，居士禪應運而生，如宋代周必大在《寒岩升禪師塔銘》中所說："自唐以來，禪學日盛，才智之士，往往出乎其間。"當時大多數的文學家、藝術家都好談禪，或引禪入文，或援禪入詩，或以禪論書、以禪論畫等等，可說是蔚然成風。有無"意境"（或稱"境界"）是中國歷代文學和藝術藉以衡量作品高下、優劣、成敗的最重要的標準。

唐代王昌齡在《詩格》引入宗門的"境界"說，並明確提出"意境"概念，他說：意境"亦張之於意而思之於心，則得其真矣。"劉禹錫進一步發揮，認為"意境"即是以少總多，並提出"境生於象外"之說。宋代李塗在《文章精義》中說："作世外文字，須換過境界。"

宗門"境界"說

"境界"，在唐代玄奘譯的《成唯識論》中講得很多。僅就禪宗來說，"境"或"境界"有三個層次：(1)一切境(境界)都是虛幻不實的，如《中峰和尚行錄》中說："說時似悟，對境還迷"。 (2)認識所達到的境地，如《五燈會元》卷二十"淨慈彥充禪師"條："忽有個衲僧出來道：既是善知識，為甚賺人入鑊湯？只向他道：非公境界。"(3)修行覺悟者對於事物真實相的認識體驗，如《五燈會元》卷二十"雲居法如禪師"條："一法若有，毗盧(佛)墮在凡夫。萬法若無，普賢失其境界。向這裡有無俱遣，丟失兩亡，直得十萬諸佛不見。"

佛傳故事 "腋下誕生"(雲崗石窟第六窟)

明代王士禎說："氣從意暢，神與境合。"畫家董其昌將畫室自命"畫禪室"，並說："大都詩以山川為境，山川亦以詩為境。"清代布顏圖在《畫學心法問答》中說："曰：山水不出筆墨情景，情景者境界也。古云'境能奪人'，又云'筆能奪境'，終不如筆境兼奪為上。"近代王國維在《人間詞話》中提出了"造境"、"寫境"、"有我之境"、"無我之境"之說，他認為"能寫真景物真感情者，謂之有境界"，他又在《元劇之文章》中指出："何以謂之有意境？曰：寫情則沁人心脾，寫景則在人耳目間，述事則如其口出是也。"

在古代文論中，李贄的"童心"說，袁宏道的"性靈"說，王士禎的“神韻”説等，都與禪宗的“明心見性”主張有關。

禪宗的“頓悟”禪法，對於中國文學和藝術創作中突發靈感的悟性有很大的啟迪。有人説創作靈感是長期積累，偶然得之，不無一定道理，也可以看作是由漸修到頓悟的過程。

歷代宗門中湧現出了不少傑出的詩僧、畫僧、書（法）僧，他們將禪融入文學和藝術實踐中，同時也將文藝作為參究禪道的一種特殊方式。

佛傳故事(雲崗石窟第六窟)

伍·禪宗公案百例

引子

　　歷代禪師大都是通過引導學人對公案的參究來學習禪法的。所謂"公案"，原本指古代官府判決是非的案例，禪宗借用並引申為將歷代禪師的語錄作為學人參究的對象，以此判斷迷與悟，啟發智慧。正如范文瀾先生主編的《中國通史》第三編中所說："公案都是含意隱晦，無人能懂得的事情或話頭，如果弟子思索得一個公案的答案，說給師聽，得師同意（稱為印可）那就表示得道了……"

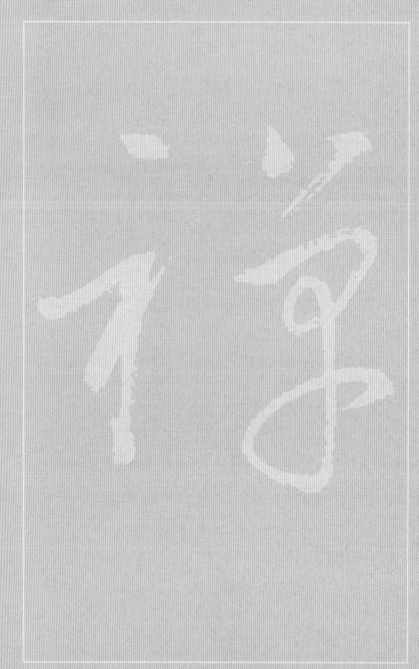

禪

懷素書禪

遼代白瓷迦葉像

　　初期的禪宗（指中晚唐至五代的南宗）力主"內證禪"，方法是自我"體認"及師生間的相互"參究"，這段時期，除了少量記述禪師的語錄外，很少有文字留下來。宋代以後，不僅語錄越來越多，而且以記言為主要形式的《傳燈錄》（禪宗獨有的記史方式）也大量出現，更將以往禪門的公案匯編起來，稱之"拈古"；同時又將"拈古"加以頌唱、評註、發揮，從此，禪宗便由"內證禪"走入了"文字禪"，這樣，便從初期禪宗的"參禪"變成了"繞路說禪"。

　　禪門公案起源於唐末，興盛於五代和兩宋，之後逐漸式微。禪門公案的內容主要包括：一、記述歷代禪師的軼事，也包括世尊[1]、菩薩、西天二十八祖[2]等有關禪的軼事；二、記載歷代禪師的語錄，如說法時的示眾語、參究時的禪機答語、偈頌[3]等；三、陳述歷代禪師的問題，即"話頭"；四、闡述禪門"五家七宗"各派的禪法、門庭風範。而參究這些公案所起到的作用主要有以下幾點：一是作為參禪悟道的工具，要求活學活用；二是作為考驗學人的方法；三是作為禪師權威法規的風範，通過"殺"[4]、"活"[5]之機，集中心力；四是作為學人是否開悟的印證，也就是真如本體[6]的客觀化；五是作為學人修禪究竟[7]的指點，以便達到師資傳承、慧燈相續的目的。

如何閱讀禪門公案，很重要的一點就是首先要瞭解禪師以什麼樣的方式接引學人，因為它體現了禪宗的教育方法。從總體上看大致有以下幾種：第一是禪師對學人所提的問題，採用非理性、非邏輯的言語回答，在貌似問東答西甚至荒誕無稽的答語中，體現出超越言語文字的義解、理性思維的定勢、邏輯批判的合理性，以便讓主體觸發深層直覺的醒悟。第二是禪師對學人所提的問題，採取默而不答。這種方法是為了讓學人泯滅"有"與"無"的分別意識，也就是要求學人放棄通過自我本性的認識去得到印證。第三是禪師對學人所提的問題，不作任何答語，只是用各種動作表示權威法範，如"舉拂子"、"示拄杖"、"畫圓相"、"展兩手"、"翹腳"等等，目的是讓學人從權威法範中去體悟佛性。第四是禪師對學人所提的問題，不作任何

（1）世尊：即佛祖釋迦牟尼。

（2）西天二十八祖：指從迦葉到達摩的古代印度28位高僧。

（3）偈頌：佛經體裁之一，以韻文表達，相當於詩。

（4）殺：即迅速斷滅學人的妄想迷執。

（5）活：即復活、開啟學人的悟性。

（6）真如本體：即指絕對真實的心性本源。

（7）究竟：即對佛性領悟的程度。

遼代白瓷迦葉像

答語，只採用“棒喝”機法，即舉棒便打或大聲喝斥，來勢迅猛，目的是使學人迅速斷絕知解情識、迷執妄想，使之頓悟本體心性。

　　禪門公案含有深刻的思想內容與獨特的思維方式，故在閱讀時，有必要相應地掌握一些禪學知識及哲學觀點，才不至於以一般邏輯和知解情識去領會公案中的禪機，因為“禪”本身就是一種非邏輯、非理性的意識。當我們讀公案時，心中產生了疑念，這是很自然的事，如果能將自己心中的疑念推向極端，從而促發心靈深層直覺的豁通，那麼對禪的理解，就會由迷轉悟，認清禪的本來面目。

禪宗雖然沒有系統的理論，但我們可以從歷代禪師們的語錄或公案中歸納出它的基本思想，那就是提倡本性清靜，佛性本有，見性成佛。通俗地說就是人人本來就具有真常心性，這種真常心性照禪宗看來就是世界的本源。因此，世界上的萬事萬物都是由真常心性派生出來的，也就是所謂"本性清靜"。而佛性 (1) 則是一切眾生(人和自然物)皆有的，只要能認識到自我的本源心性，一切眾生都可以成佛。

1. 拈花微笑

　　釋迦牟尼 (2) 在靈山 (3) 法會 (4) 上準備說法，這時大梵天王 (5) 來到靈山，獻上一朵金色波羅蜜 (6) 花。釋迦牟尼一言不發，僅舉起這朵花給大家看。當時諸神都不明白這是什麼意思，惟有摩訶迦葉 (7) 破顏微笑。

　　於是釋迦牟尼說："我有正法深藏在眼裡，以心傳心。你們應擺脫世俗認識的一切假象，顯示諸法常住不變的真相，通過修習佛法而獲得成佛的途徑。了悟本源自性是絕對的最高境界，不要拘泥於語言文字，可不在佛教之內，也可超出佛教之上。我以此法傳授給摩訶迦葉。"

(1) 佛性：成佛的可能性，也就是達到最高覺悟的可能性。

(2) 釋迦牟尼：(約前 565 ～ 前 485 年)，印度佛教的創始人。

(3) 靈山：即靈鷲山的簡稱，因山頂似鷲，山中多鷲，故名。在今印度比哈爾邦底賴雅附近。相傳釋迦牟尼在此居住和說法多年。

(4) 法會：佛教為說法、供佛、施僧等而舉行的儀式或集會。

(5) 大梵天王：原為印度婆羅門教、印度教的創造之神。佛教產生後，被吸收為護法神之一，為釋迦牟尼的右脅侍；又為色界初禪天之王，故稱"大梵天王"。

(6) 波羅蜜：是梵文波羅蜜多的簡譯。意思是從生死迷界的此岸到達涅槃解脫的彼岸。因此，意譯為"到彼岸"、"度"等。

(7) 摩訶迦葉：即大迦葉，古印度摩揭國王舍城人，是釋迦牟尼的"十大弟子"之一，被禪宗稱為"西天二十八祖"的第一祖。

四川資中縣東嶽摩崖造像《釋迦拈花微笑》，造於宋代。

　　自唐代慧能禪師創立禪宗以來，歷代禪門中人無不舉唱這則"拈花"公案。然而這則公案其實純屬編造，理由是在禪宗未創立之前，所有的佛教典籍經文中均未見此説。禪宗既不重經教，又不重修持，而是主張自證自悟，大有"離經叛道"之嫌。這樣一來，就迫使禪宗要為自己立足而尋找依據，同時又要為慧能所創以頓悟為主旨的"南宗禪"的發展鋪墊一條"光明大道"。因此，不僅編出了這則美妙的傳説，就連釋迦牟尼所説的"吾有正法眼藏，涅槃妙心，實相無相，微妙法門，不立文字，教外別傳，付囑摩訶迦葉"，也是按"南宗禪"的旨意杜撰的。

由這一公案提示出的禪教大法，即是"不立文字，教外別傳，直指人心，見性成佛。"

2. 關於"色""空"的對話

佛陀跋陀羅問弟子鳩摩羅什："你講什麼經論？"鳩摩羅什回答："我講《大般若經》。"佛陀跋陀羅又問："對色空的意義作何理解？"鳩摩羅什回答："一切微小的物質聚集起來就叫做色，這些物質無自性叫做空。"佛陀跋陀羅說："一切微小的物質沒有聚集起來的叫做什麼？"鳩摩羅什無言以對。

佛陀跋陀羅又問："此外還講什麼經論？"鳩摩羅什回答說："講《大涅槃經》。"佛陀跋陀羅問："涅槃的意思是什麼？"鳩摩羅什說："涅而不生，槃而不滅，不生不滅，因此叫涅槃。"佛陀跋陀羅又問："這是釋迦牟尼涅槃，那法師涅槃呢？"鳩摩羅什回答說："涅槃之意哪有二種呢？我只知有一種，不知師父如何說涅槃？"佛陀跋陀羅拿起如意[1]說："不見麼？"鳩摩羅什回答說："見師父手中的如意。"佛陀跋陀羅立即把如意扔在地上，又問："見麼？"鳩摩羅什回答說："見師父手中的如意落地。"佛陀跋陀羅呵斥道："我看你的見解尚未脫出世俗之見，其名聲又怎能震驚宇宙呢？"說罷拂袖而去。

鳩摩羅什的徒弟深感困惑，追上前去問佛陀跋陀羅："我的老師說色空、涅槃的義理未能契合，不知師祖如何說色空義？"佛陀跋陀羅回答說："你的老師只是說出了色空的結果，而未說出色空的原因。"徒弟又問："那色空的原因又是什麼呢？"佛陀跋陀羅回答說："一種微小的物質如果空則諸多微小的物質皆空，諸多微小的物質皆空

---

(1) 如意：一種用竹、玉等材料製成的器物，兩頭微翹，供指劃或賞玩之用。

印度睡蓮，此種睡蓮在佛教中具有特別重要的地位。

則一種微小的物質也空，因此，一空中無眾空，眾空中無一空。"

　　佛教認為："色不異空，空不異色，色即是空，空即是色。受、想、行、識，亦復如是。"[1]意思是物質現象（即"色"）或精神現象（受、想、行、識）本質是"空"，因為兩者沒有固定不變的自性，如果認為實有自性，就是虛妄分別。

3. 達摩祖師西來中國

　　達摩東渡來華後，梁武帝派遣使者將他迎至當時的首都南京。

　　梁武帝問達摩："我即位以來，建造寺廟、譯寫佛經、度僧、造

―――――――――

（1）《般若波羅蜜多心經》。

圖為重慶合川市淶灘摩崖造像《達摩》，造於南宋。該像形
同女尼，與他處卷髮、絡腮鬍鬚的達摩像迥別，實屬鮮見。

達摩

菩提達摩(Bodhidharma, ？~528)，略稱達摩或達磨，出生於南印度一個婆羅門種姓家庭，據說是香至王的第三子。出家後修行大乘佛法，南朝劉宋末(一說為梁武帝普通年間)航海到中國廣州，後到北魏入嵩山少林寺面壁九年。他在中國傳授禪學，中國禪宗稱他為"西天(印度)二十八祖"之第二十八祖，"東土(中國)禪宗初祖"。

像不計其數，這些事不知有多少功德？"達摩回答："並無功德。"梁武帝問為什麼，達摩說："這些都是有為之事，就如影子隨形，雖有非實，因此不是實在的功德。"梁武帝又問："怎樣才是實在的功德？"達摩說："本源心性應清靜，自證自悟才能圓滿，不必向世俗迷界去求，這才是實在的功德。"梁武帝又問："什麼是佛教真理的第一義？"達摩回答："廓然無聖，哪有什麼至尊。"梁武帝問："但站在我面前的你，不就是尊貴的人麼？"達摩回答說："不知道。"

由於梁武帝不能參悟達摩的禪機，達摩便渡江去了北魏，在嵩山少林寺面壁坐禪達 9 年。

梁武帝將他與達摩對答一事告訴了寶志禪師，寶志說："此人是觀音菩薩，是來傳釋迦牟尼心印。"梁武帝深感後悔，忙派遣使者去請，寶志感歎地說："不要說一個使者，即令全國的人去請，他也是不會回來的。"

達摩被中國禪宗奉為"西

理入

"理入"分三個步驟：(1)依據佛經所講的義理，牢固地樹立"捨偽歸真"的信仰；(2)通過"壁觀"，安定本心，集中精神觀想經教義理，去除分別意識；(3)擺脫對經教文字的依賴，自證所觀之"理"，使之"與道冥符"，即"理"與認識的默契。

天第二十八祖"和"中國禪宗初祖",其西來中國何意,是歷來禪門參究的一個重要話頭,不可說,又不能不說。他來傳釋迦牟尼心印,表現出廓然無聖,非聖非凡,非心非佛,非有非無,無有無無,絕對本體,超越言說,不立文字,教外別傳。

行入

"行入"即指"四行"禪定方法:報怨行、隨緣行、無所求行、法行。前三行講修行者對過去的哀樂榮辱都應採取無愛無憎、無得無失、全無希求的態度,最後一行是說如果修行者能做到以因果報應的教義支配自身行動,則可以與禪觀證得的"真性"之理相應。

達摩的禪法是以"壁觀"為中心的"二入四行說"。所謂"二入"("理入"和"行入"),"理入"指對大乘佛教理論的思考,"行入"即實踐;"四行"(即報怨行、隨緣行、無所求行、法行)即是壁觀坐禪的實踐方法,也就是通過壁觀安心,達到外止諸緣,內心無喘,心如牆壁,可以入道。"二入四行"禪法的特點是先在啟發信仰時不離佛教的標準,即所謂"藉教悟宗",然後再不立文字,教外別傳。

少林寺

少林寺,位於河南省登封市少室山北麓,北魏太和十九年(495)由印度僧跋陀(又稱佛陀)所建,因建在少室山林中,故名。相傳達摩在此面壁九年並傳禪法,故又稱為禪宗"祖庭"。西北五乳峰上有初祖庵(達摩面壁處),西南缽盂峰上有二祖庵。寺內還存有大量歷代文物遺跡,被譽為"天下第一刹"。

五代宗初畫家石恪的水墨寫意畫《二祖調心圖》之一
"禪宗二祖慧可禪師"，現藏日本東京國立博物館。

4. 達摩安心

慧可剛出家時，一心學佛，但未能開
悟。有一日，他夢見一神人指點他去少林
寺拜達摩為師，第二天他便啟程前去少林
寺。

慧可到了少林寺，正遇上達摩
禪師坐禪，任何人不予接見。慧可
為了表示自己的誠心，便頂着鵝毛
大雪站在寺門外，直到深夜也一動
不動，但達摩禪師依然無動於衷。

慧可為了表達他向達摩求教的
虔誠，竟然忍痛砍斷了一隻手臂[1]，

禪宗二祖慧可大師，得達摩面授禪法，
此後在鄴（今河北臨漳縣）弘傳佛法。

(1) 據《續高僧傳》卷十六 "慧可傳" 説，慧可斷臂是在幼年時被強盜砍斷的，而禪宗的《燈錄》卻
説成是自斷其臂。此處作為 "公案"，故採《燈錄》之説，並非筆者以訛傳訛。

此舉終於感動了達摩禪師，問他：“你到底想求什麼？”慧可說：“弟子心未安，請大師為我安心。”達摩說：“請把你的心帶來，我就能為你安心。”慧可沉思許久後說：“我雖盡力尋思，但這心實在是難以捉摸。”達摩禪師見慧可已開悟，便點醒他：“我已為你安心了。”

　　達摩與慧可之間的對答，強調了大乘佛教所謂的“五蘊皆空”。“五蘊”指“色”（事物）、“受”（感受）、“想”（判斷）、“行”（行動）、“識”（意識），“色”屬於物質世界，其餘四蘊屬於精神世界，“五蘊”即是物質與精神世界的總和。而“五蘊皆空”即是說世上一切現象都是由因緣所生，虛幻不實。所以，當慧可說他的心捉摸不定時，達摩認為他已經領悟，也即是安心了。

5. 把罪障拿來

　　僧璨幼年時患天花，臉上長滿了麻子，由於當時的人缺乏科學認識，把這種現象歸於罪障深重，使他感到痛苦萬分，便前去請求二祖慧可為之清除罪障。

　　僧璨拜見二祖慧可，說：“弟子身染風恙 (1)，請大師為我懺罪（清除罪障）。”慧可模仿達摩為他安心的頓悟方法，回答僧璨說：“把罪障拿出來，我為你懺罪！”僧璨豁然開悟說：“我找不到罪障。”慧可聽此欣喜，對僧璨說：“我已為你懺罪，依佛法留你在此一住。”

　　這則公案的對答方式與“達摩安心”是相同的。僧璨由於偏執世俗之見，受罪障意識的束縛，當他丟掉這種偏執妄想後，便頓然開悟。

---

(1) 風恙：即天花。

誦經時敲擊用的木魚

6. 傅大士⁽¹⁾揮尺

　　傅翕居住在雲黃山，他在山上栽了兩棵樹，因此命名為“雙林”（借用釋迦牟尼滅度於娑羅雙樹間的典故），自稱“當來善慧大士”，世人皆稱他為“傅大士”。

　　一次，他與同鄉稽亭浦打魚，打到魚後，他又把魚籠沉於水中，稽亭浦見此便告訴他這樣魚會跑掉的，傅大士說：“去留自便。”世

---

(1) 大士：即菩薩的舊譯，是對修持大乘六度，求無上菩提，利益眾生，於未來成就佛果的修行者的尊稱。

人都說他很愚蠢。後來，梁武帝請寶志禪師講《金剛經》，寶志禪師便推薦傅大士去講。誰知開講時，傅大士剛坐上講台，用尺揮動一下，便走了下來。寶志禪師見梁武帝十分驚詫，便問：“陛下理解嗎？傅大士已經講經完畢。”

傅大士講經未說一字，這是釋迦牟尼拈花不說的禪法，梁武帝執迷於講經，哪能知道這不說即說呢？

7. 傅大士說偈

一次，傅大士對弟子說偈（又叫“頌”）：

夜夜抱佛眠，朝朝還共起。

起坐鎮相隨，語默同居止。

纖毫不相離，如身影相似。

每天行、住、坐、臥，都與佛形影相隨，如要知佛去處，自性當清靜。

傅大士又說一偈：

空手把鋤頭，步行騎水牛。

人從橋上過，橋流水不流。

空手何談把鋤頭？步行怎能騎水牛？又豈會橋流水不流？見水橋則流，見橋水便流，無橋無水，兩者俱不流。禪是相對與絕對，但本源心性又超越一切。

傅大士再說一偈：

有物先天地，無形本寂寥。

能為萬象主，不逐四時凋。

有物亦無物，無形還有形，無有先和後，不為物所迷，自是萬象主！

8. 三祖解縛

道信參謁三祖僧璨，一見面便說：“願大師慈悲，請賜予我解脫的方法。”僧璨問：“誰束縛你？”道信回答說：“沒有人束縛我。”僧璨問：“既

道信大醫

道信大醫(581~651)是中國禪宗第四祖，俗姓司馬，河內(今河南省沁陽)人。少年時出家，師從三祖僧璨。弟子有五祖弘忍大師及牛頭宗的創始人法融等。

如此，為什麼還要求解脫呢？”道信於言下大悟。

向外求解脫，禪家認為是妄心迷執，因此，三祖僧璨為了打破道信的妄心迷執，設問導引，為的是讓道信自悟絕對佛心——本源心性。

禪宗三祖僧璨大師，得二祖慧可心要。北周武帝滅佛時，遁跡舒州(今安徽潛山縣)，後於廣東羅浮山傳法。

9. 牛頭幽棲

據説當時四祖道信得知牛頭山有異人，立即前往尋訪。他來到幽棲寺，詢問寺僧："這裡有道人否？"寺僧反問："出家人哪個不是修道的人？"道信又問："哪個是道人？"寺僧無言以對。另一僧人此時説："十里之外的北巖有一懶和尚法融，

法融與牛頭宗

中國禪宗牛頭宗的創始人法融，未出家時便博通經史。讀了《大般若經》後，他感歎地説："這才是正道，如同載我出世的航船。"於是便入茅山依三論宗炅法師出家，後來在金陵(今江蘇南京)牛頭山幽棲寺此巖建茅茨禪室，有百鳥啣花之異。其禪法特別強調心無所寄，方免顛倒，始名解脱，凡聖諸法，皆如夢幻。世稱這種禪法為"牛頭禪"。

見人不起，也不合掌，莫非他就是你所説的道人？"四祖道信入北巖，果然見法融端坐自若，目不四顧。道信問他："你在此做什麼？"法融回答説："觀心。"道信又問："觀是何人？心是何物？"法融答不上來，立刻起身禮拜説："大德高居何處？"道信回答："居無定處，或東或西。"法融又問："你可認識道信禪師？"道信説："貧僧便是。"法融問："禪師因何到此？"道信回答説："特來相訪，莫非還有更安然的休息地方嗎？"自此以後，法融便拜道信為師。

訪道人，哪個是？出家人皆是，皆不是。迷者自迷，悟者自悟。法融觀心，觀何人？心何物？觀來觀去，不知心！

10. 豈有南北之別

六祖慧能，生於嶺南新州（今廣東省新興縣東），自幼喪父，家境貧困，靠賣柴贍養母親。一日他挑柴趕集，聽客店有人誦《金剛經》，頗有所感，得知此經來自弘忍禪師處，便決心前往拜謁。

慧能從廣東新州千里迢迢來到湖北黃梅東山參謁五祖弘忍禪師。弘忍得知他從嶺南來，便問

五祖寺

五祖寺(又稱東山寺，雙峰寺)，位於湖北省黃梅縣馮茂山，唐咸亨年間由五祖弘忍創建，故名“五祖寺”，後經明萬曆、清咸豐年間兩次重修。寺後白蓮峰頂有白蓮池，相傳為五祖弘忍手植白蓮處。

他來這裡的目的是什麼。慧能回答說："目的是求作佛。"弘忍說："嶺南人都是蠻夷沒有佛性，怎麼能作佛呢？"慧能反問："人雖有南北之分，佛性豈有南北之別？"弘忍聽此，知道他悟性非同一般，便收下了慧能為徒。讓他在碓房舂米。

六祖慧能

慧能（638~713），俗姓盧，生於南海新興（今屬廣東），3歲喪父，稍長靠賣柴養母度日。23歲時赴湖北黃梅參見弘忍禪師，作"行者"，在碓房舂米。後因"本來無一物，何處惹塵埃"的示法偈得到弘忍認可，密授法衣。爾後回到嶺南，混跡於市井達16年。慧能在韶州（今廣東韶關）曹溪寶林寺弘揚"直指人心，見性成佛"的頓悟法門，弟子法海後將其學說編輯成《六祖法寶壇經》（簡稱《壇經》），成為中國禪宗的寶典。

求作佛，何分南北東西；悟佛性，何須行住坐臥。挑水運柴，舂米磨麵，平常心即是佛。

11. 本來無一物

五祖弘忍打算選擇正法繼承者，便召集門下七百弟子說："正法難解。你們可各自按照個人的體驗作一偈，只要意思與正法相契合，我便把衣法傳付給他。"

大弟子神秀知識廣博，眾弟子都認為五祖求偈傳法，非他莫屬。神秀聽此讚譽，暗自高興，不假思索，在牆上寫下一偈：

身是菩提樹，心如明鏡台。

時時勤拂拭，莫使惹塵埃。

弘忍見到此偈後十分讚賞，對眾門人說："你們按此偈所說的去修行，必能有所成就。"

正在碓房舂米的慧能聽到人人都在傳誦此偈，便問身邊的一位師兄，這是何人所寫，那師兄將弘忍禪師求偈傳法的來龍去脈告訴了他。慧能聽此又問師兄覺得此偈如何，師兄回答："很美。"慧能沉默了一會兒，然後說："美倒是美，可是了則未了。"師兄馬上呵斥他不要口出狂言。

到了晚上，慧能悄悄地找來一個童子執筆，自己口述（因他不識字），在神秀的偈旁寫了一偈：

菩提本無樹，明鏡亦非台。

本來無一物，何處惹塵埃。

後來弘忍大師見到此偈後說："這是誰寫的？未能見性。"慧能只好掃興而回。

神秀

神秀（約606~706），俗姓李，13歲出家，博覽經史，融通儒釋道。46歲赴湖北黃梅歸依弘忍禪師，頗受弘忍器重，讚歎"東山之法，盡在秀矣。"後被武則天迎請入京，敕封為"國師"。因生前在北方傳"漸悟"禪學，其禪法被稱為"北宗禪"。

深夜，弘忍大師忽然來到慧能房中，慧能還以為師父又來教訓他，不料弘忍大師開口說道："達摩禪師來到中國，將正法傳給慧可大師，然後代代相繼傳至於我。今天我以法寶和所傳袈裟再傳給你，你要好好珍惜愛護，不可斷絕法統。你現在聽我說一偈：

有情來下種，因此果還生。

無情既無種，無性亦無生。

慧能恭敬地接受了五祖弘忍大師的衣法，並問："今後這袈裟將傳何人？"弘忍回答說："達摩祖師剛來中國傳法時，大家都不信，因此才用這傳衣法表示繼承者已經得法。如今大家都熟悉傳衣法的事，袈裟反而會引起爭端，所謂接受法衣的人，其命如懸絲。因此，這袈裟到你為止，不要再傳了，而且你必須去遠處隱居，等時機成熟再出山施行教化。"慧能問："我當隱居何處？"弘忍回答說："逢懷即止，遇會且藏。"(1)就在當天深夜，慧能便悄然南下，弘忍大師的其他弟子都不知道此事。

神秀和慧能為得衣法，各作了一示法偈。神秀所謂"時時勤拂拭，莫使惹塵埃"，主張應長期修習，逐漸領悟佛教真理，即所謂"漸悟"，因其涉理路，落言銓，未能真正領悟禪的要旨。而慧能的"本來無一物，何處惹塵埃"，針對"漸悟"說，主張自證自悟本源心性，無須長期修習，而要直指人心，見性成佛，即所謂"頓悟"。後來神秀北上傳"漸悟"法，形成北宗，但不久便式微。而慧能南下弘揚"頓悟"

---

(1) 逢懷即止，遇會且藏：意思是說逢懷讓而止（即住於廣東韶州曹溪），遇神會而付法眼藏。懷讓、神會均為慧能的高足，尤其是神會對南宗禪的拓展起到了極為重要的作用，被稱為禪宗七祖。弘忍這句話顯然是後人附會的。

法，形成南宗，日漸興盛，並由此而發展成後來的"五家七宗。"

12. 非風非幡

六祖慧能受五祖弘忍付法後，來到廣州法性寺，正遇上印宗法師講《涅槃經》。一天傍晚，風吹動着寺廟前的幡，有二僧正討論這一情景，甲僧說："這是風在動。"乙僧說："這是幡在動。"慧能聽到後說到："既不是風動，也不是幡動，而是心動。"寺中眾僧聽到後無不詫異。印宗法師即請慧能入上席，請問深義，慧能所答言簡意深。

這則公案顯示出萬法唯心，境隨心轉的道理。宋代無門慧開禪師作一頌評道：

風幡心動，一狀領過。

只知開口，不覺話墮。

意思是：不管是風動、幡動或是心動，都有過失，只好一紙狀文帶過。他們只知信口開河，哪知錯說要受懲罰。

廣州市內的光孝寺，唐時稱"法性寺"，六祖慧能曾來此宣講南宗禪頓悟說。

13. 雙修是正

六祖慧能銅像，鑄造於北宋，現藏廣州市六榕寺。

韶州法海禪師參問六祖慧能："請大師為我講一講什麼是即心即佛？"慧能回答說："前念不生即心，後念不滅即佛。成一切相即心，離一切相即佛。我如果照此說下去，那永遠都說不完。"然後說了一偈：

> 即心名慧，即佛乃定。
>
> 定慧等持，意中清靜。
>
> 悟此法門，由汝習性。
>
> 用本無生，雙修是正。

法海由此明白了什麼是"即心即佛"，並領會了慧能所指出的定、慧雙修的入門途徑。後來他也作了一偈讚許道：

> 即心元是佛，不悟而自屈。

> 我知定慧因，雙修離諸物。

慧能在這裡所説的“即心即佛”，是讓學人自己認識自己的本心，通過體證達諸佛理。慧能認為定、慧雙修，定是慧體，慧是定用，定慧一體觀，是慧能的禪法。

14. 一念心開

一名叫法達的僧人，七歲出家，讀了3,000多部佛經，尤其喜愛誦讀《法華經》。他最初參見六祖慧能時，以為自己讀的佛經很多，見了慧能也不施大禮。慧能告訴他即使讀了萬部經，得其經意，也沒什麼好驕傲的。接着慧能問法達：“你念《法華經》，以什麼為宗？”法達回答説：“我只知照經上的文字誦讀，哪知什麼宗趣？”慧能説：“我不識字，你可把經念一遍，我便為你解説。”當法達讀到“譬喻品”時，慧能打斷了他的誦讀：“停！這部經原來是以因緣出世為宗，不管它説多種譬喻，都沒有超出於此。什麼樣的因緣呢？經上説：‘諸佛世尊，惟以一大事因緣故出現於世。一大事者，佛之知見也。世人外迷着相，內迷着空。若能於相離相，於空離空，即是內外不迷。若悟此法，一念心開，是為開佛知見。’”法達後經慧能多方開示，於言下大悟。

法達由於執迷於文字，雖然閱讀了很多的佛經，卻不能明白其宗旨，這就是禪家經常説的，縱然閱得一大藏教經意，而未能悟涅槃妙

香港竹林禪院的三身一體佛祖像，兩旁還有楹聯，上書："具
法報而應化雖現三身原一體；示東西以分停縱開二土豈殊途。"

心，也是枉然。法達後經慧能啟示，終於懂得了必須自證自悟絕對本
源，才能打開佛的知見，一念心開。

15. 三身四智

　　智通鑽研《楞伽經》已有千多遍，但還是沒弄清楚"法身、報身、
化身"這三身的意義，以及"成所作智、妙觀察智、平等性智、大圓
鏡智"這四智的內涵，於是他便去恭請六祖講解。慧能解釋說："三
身"立的名字，都發自本源自性，每個人的本源自性都具有法身、報

身和化身。清靜法身就是你的本源自性，圓滿報身就是你的智慧，千百億化身就是你的行為。所謂"智"是通過特定的修行，領悟佛法要旨，使有煩惱的八種認識（眼識、耳識、鼻識、舌識、身識、意識、末那識、阿賴耶識）轉變為擺脫煩惱的八種認識，從而得到四種智慧。這四種智慧是：前五識（眼、耳、鼻、舌、身識）擺脫煩惱時得到的"成所作智"，這種智慧通過身、口、意三種行動為眾生行善；第六識（意識）擺脫煩惱時得到"妙觀察智"，這種智慧能根據有情眾生不同根機，自在說法，教化眾生；第七識（末那識）擺脫煩惱時得到"平等性智"，這種智慧能夠平等地普度一切眾生；第八識（阿賴耶識）擺脫煩惱時得到"大圓鏡智"，這種智慧如同大圓鏡的光明，能遍照萬象，纖毫不遺，具備了這種智慧，你就可達到佛教的最高絕對境界。

　　智通聽了六祖慧能的這番話後，當下大悟，於是讚歎道："三身原來就在我的本體，四智也在我的心中，心體融合無礙，都成了絕對的大圓鏡智，最高的智慧之光，映照三千大千世界，應物現形，自由自在。何必妄求修治？四智就是三身，三身就是本源自性，如此的妙旨，全是拜受大師所賜，終於要超越一切假名。"

16. 志誠盜法

　　志誠受師父神秀的派遣來到六祖慧能處，隨慧能眾弟子一起聽法。慧能已察覺眾門人中混有外人，便告訴大家說："你們當中潛有一位盜法的人。"志誠聽後便站出來，將師父派遣他來聽法一事告訴六祖。慧能問："你的師父以什麼樣的禪法教導眾門人？"志誠回答說：“我的師父經常教導大家，以靜觀心，長坐不臥。”慧能說：“以靜觀心不是真正的禪教大法，長坐不僅對身體沒有好處，對佛教的義理也無益。聽我說一偈：

生來坐不臥，死去臥不坐。

元是臭骨頭，何為立功過？”

志誠問慧能：“不知大師以什麼禪法教誨眾人？”慧能回答說：“我若說有法給予眾人的話，就是說大話騙你，而且任運解脫，假名禪定。聽我再說一偈：

一切無心自性戒，一切無礙自性慧。

不增不退自金剛，身去身來本三昧。”

這偈是說：當一個人直悟到自己的心源本性，就會自覺地揚善懲惡，自由無礙，產生出很高的智慧，他的法性有如金剛一樣堅固銳利，自身來去自如，沒有束縛，這本來就是禪定。

志誠聽到此偈後，決心皈依六祖門下，於是呈一偈：

五蘊幻身，幻何究竟。

回趣真如，法還不淨。

這是說：人的身體雖是外在的客體，但虛幻不實，輪迴果報才是真實的，證明我們過去的禪法還沒有真正入道。

17. 薛簡請六祖

武則天想弘揚佛法，派遣內侍薛簡前往廣東韶州曹溪迎請慧能，但慧能上表辭謝，表示願一生終老山林，薛簡只好請慧能宣示禪宗大法。

薛簡問慧能：“京師裡的禪師都說，要能體悟絕對本體，必須坐禪，學習四禪八定[1]。不知大師所說的禪教大法如何？”

慧能回答說：“絕對本體是從自己的本心中領悟，禪何在坐臥？《金剛經》上說：‘假使說如來是坐的形相、臥的形相，就是實踐邪道！’因為無來無去，無生無滅，這是如來清靜禪；一切法都是空寂的，這是如來清靜坐。外不沾染塵世污垢，內無妄想和迷執，這就是證。何為無證，無證無無

普賢菩薩（南宋大足石刻）

證，即是證不作證念，就是無證，更不作無證想，就是無無證了。何況只是靜坐呢？”

薛簡又說：“請大師指示禪機妙法，弟子好回宮奏明皇上與武后，同時告訴京城裡學禪的人。這好比一盞明燈點燃千百盞明燈，光明與光明映照，光明無盡。”

慧能回答說：“光明也是有盡的，因為這是在相對意義上所成立

(1) 四禪八定：佛教術語，即通過坐禪，由心理逐漸發展成四種不同的精神境界和八種心注一境而心散亂的入定形式。

的名詞。《淨名經》上說：'絕對法則是無對比的，無相對的意義。'因此，絕對本體沒有光明與幽暗，光明與幽暗是代謝的意義。"

薛簡又問："光明比喻智慧，幽暗比喻煩惱，學禪的人如果不以智慧照破煩惱，那麼元始以來的對生死的世俗認識，又依靠什麼可以解脫呢？"

慧能回答說："煩惱與智慧，無二無別。以智慧照破煩惱，這是凡夫俗子與佛教以外的人的見解。最高的智慧者，懂得自性實體是絕對的，非有非無，對凡夫俗子來說並未減少，對聖賢來說也不增加。處在煩惱之中而不紛亂，在絕對的大禪定中而不寂滅，不是斷絕滅亡，不是永恆的存在；不來不去，不在中間，不在內，不在外。不生不滅，本體實相是絕對的，永恆的，不變的，這就是絕對本體。佛教以外的宗教徒所說的不生不滅，認為滅亡是生命的停止，從出生以來就顯示滅亡，滅亡了如同沒有滅亡，生了如同不生。而我所說的不生不滅，是從自性本體上講的，本來無生，現在也不滅。因此，你只要不去思量一切善惡的分別意念，自然就能悟入本源心性的絕對境界，並能經常在絕對的大禪定中，妙用無限。"

薛簡於是大悟，回京城後上奏經過，武則天下旨獎勵，並自認為頓悟了禪教大法。

唐龍朔元年所造佛石像

18. 神會六疑

神會禪師認真閱讀佛教經典，但有六處感到困惑不解，於是他便去請教六祖慧能。神會的六問是：

神會

神會在六祖慧能去世後，曾到洛陽弘揚頓教，確立了六祖在中國禪宗史上的地位，並著有《顯宗記》盛行於世。神會後來在山東荷澤建寺，開創荷澤宗，因此又叫荷澤神會。神會宣揚"不作意即是無念"的無念禪，重視知見解脫，主張定、慧同等。

第一問："在戒（戒律）、定（禪定）、慧（智慧）三學中，所謂戒，應戒何物？所謂定，應從何處修習？所謂慧，應從何處獲得？"六祖回答說："定就是定其心，戒則是戒其行，慧即在自性中觀照，自見自知深。"

第二問："本無今有有何物？本有今無無何物？誦經不見有無義，真似騎驢更覓驢。"六祖回答説："生前的惡行記憶本無，生後的善行今有。念念不忘行善，後代人天不久。你現在正在聽我的話，我就是本無今有。"

第三問："將生滅卻滅，將滅滅卻生。不明瞭生滅的意義，所見就如同聾耳瞎眼。"六祖回答説："將生滅卻滅，令人不執性，將滅滅卻生，令人心離境，未脱離這兩種見解，自然除去生滅的錯誤觀點。"

第四問："先頓悟而後漸悟，先漸悟而後頓悟，不了悟頓、漸的人，心裡常常迷悶。"六祖回答説："聽法頓中漸，悟法漸中頓。修行頓中漸，證果漸中頓。頓、漸是不變的條件，悟中不迷悶。"

第五問："先定後慧，先慧後定。定、慧後初，怎樣才是正確的呢？"六祖回答説："本性常生清靜心，定中而有慧。於境上無心，慧中而有定。定、慧平等沒有先後，定、慧雙修，自心就是正。"

第六問："先佛而後法，先法而後佛？佛法本根源，最初從何處出？"六祖回答説："説就是先佛而後法，聽則是先法而後佛。如果說佛法本根源，一切眾生都從自己心裡出。"

神會在六祖的點撥之下大悟，後來開創了"荷澤宗"。

19. 南岳說似一物

南岳懷讓禪師最初參見六祖慧能時，慧能問："你從什麼地方來？"懷讓說："我從河南嵩山來。"慧能又問："什麼物這麼來？"懷讓不知怎麼回答。

懷讓隨侍慧能8年後，忽然領悟了這個問題，慧能問："那你是怎麼領會的？"懷讓說："執着於一物就不可能了悟。"慧能又問："能否驗證？"懷讓回答："驗證是可以的，但不可污染。"慧能讚許地說："只要不污染諸佛，就能獲得正確的見解。你是這樣，我也是如此。從生死迷界的此岸到達涅槃解脫的彼岸，智慧就如你腳下生出一馬駒，踏殺天下人，覺悟在你的心中，因此不必執迷於言說。"

慧能問懷讓從何處來，並不是詢問他的來處，而是要他了悟本體心性，由於他執着於一物，故不知所對。8年後懷讓才消除迷執，懂得了"說似一物即不中"的道理，豁然開悟。

20. 永嘉一宿覺

永嘉玄覺禪師初次參拜六祖慧能時，振了振拄杖，繞六祖三週，然後雙手合掌而立。慧能說："大德 (1) 從何方而來，竟如此傲慢。"

---

(1) 大德：即有大德的行者。

玄覺說："生死事大，變化迅速。"六祖問："為什麼不體取無生，那是否完全沒有迅速？"玄覺回答說："體即無生，當然就沒有迅速可言。"六祖說："是的，應當如此!"玄覺於是恭敬地告辭。六祖說："回去太快了!"玄覺問："我自己還沒有動，怎麼說太快呢？"六祖又問："誰知你自己沒有動？"玄覺回答："大師自己心生分別。"六祖又說："你深得無生之意。"玄覺問："無生哪有什麼意思呢？"六祖又問："無意誰當分別？"玄覺回答："無別也不是意。"六祖讚歎地說："很好!很好!少留一宿。"從此，世人稱玄覺禪師為"一宿覺"者。

這裡所謂的"無生"即是"有生"，也就是佛家所說的超越生死，無生無死。玄覺禪師了悟頓教思想，直截本源自性，當然就沒有快慢動靜之分，有分別意識則不可能了悟妙意，達到絕對正定，智慧觀照。玄覺禪師後來著有《永嘉證道歌》，是以通俗的文字宣傳宗教的代表作，影響極大。

21. 磨磚成鏡

馬祖道一幼年出家時，常習坐禪，懷讓禪師知道後，便去問他：
"你整日坐禪為了什麼？"馬祖回答說："為的是成佛。"於是懷讓禪
師取了一塊磚，在石頭上磨了起來。馬祖十分驚異地問："師父磨磚
幹什麼？"懷讓回答說："磨成一面鏡子。"馬祖困惑不解地問道：
"磨磚怎能成鏡呢？"懷讓馬上反問道："既然磨磚不能成鏡，那坐禪
又豈能成佛？"見馬祖茫然，懷讓進一步啟發他："這好比牛駕車，
車不走時，打車還是打牛呢？"馬祖不知如何回答，沉默不語。懷讓

繼續說道："你坐禪的目的是為了成佛，但佛性無所不在，沒有固定
的形相，所以不應有取捨的執着。所以，坐禪不可能成佛。"馬祖豁
然大悟，恭敬地再請教："那如何用心，才能達到絕對的最高境界？"
懷讓回答說："你學明心見性的禪法，如同撒播種子；而我教你的禪

法要旨，好比天降甘露，只
要條件關係兩者契合，就可
以了悟絕對本體。"馬祖又
問："絕對本體既不是物
質，又不是形相，怎樣才能
悟道呢？"懷讓回答說：
"明心見性同不執着於物相

馬祖道一

道一(709~788)，俗姓馬，四川什
邡人，後人尊稱馬祖，跟隨南岳懷讓禪
師學禪，後來繼承了他的衣缽。

都一樣可以悟道，心性包含一切種子，遇甘露即可萌發，既無固定的
形相，也沒有成敗的分別。"

22. 藏頭白　海頭黑

有一僧向馬祖請教："大乘[1]佛法離絕四句百非[2]，請大師為我們
講一講，達摩祖師西來中國之意。"馬祖推說自己今天很疲倦，讓他
去問西堂智藏。這僧便去問西堂智藏，西堂智藏說："我今天頭痛，
不能回答你，請去問百丈懷海師兄。"到了百丈懷海處，百丈懷海回
答："我到這裡卻不會。"這僧只好折回去，將這些情況告知馬祖，
馬祖說："藏頭白，海頭黑。"

"藏頭白，海頭黑"，從字面上解，是說西堂智藏因為年老而頭

(1) 大乘：音譯"摩訶衍那"（Mahayana），即約公元 1 世紀形成的佛教派別，與小乘佛教（即
原始佛教和部派佛教）相對應。大乘佛教自稱能運載無量眾生從生死大河之此岸達到菩提涅槃之
彼岸，成就佛果。
(2) 四句百非：四句指"有而非空"、"空而非有"、"亦有亦空"、"非有非空"的有、無之法；
百非指總言一切皆為戲論，由根本四句衍化成一百，所以稱為"四句百非"，大乘佛教認為此與證
道無涉，因此應離絕。

白，百丈懷海因為年輕而頭黑，頭白頭黑
是極平常的道理，不用說，說也無益。
三位禪師都沒有正面回答達摩祖師西來
中國的用意，正是為了打破學人的迷
執和分別意識，讓其自己去體證
參悟，以此達到直截本源心
性，破除向外尋求的妄念。
達摩西來中國弘傳佛心宗，
本是不言而喻的，何須問，
更何須答。學禪的人應自見
本心，平常心是佛。

馬祖道一禪師得南岳懷讓禪師印可後，
在江西弘傳禪法，被稱為「洪州派」。

23. 經入藏　禪歸海

　　一晚，馬祖道一禪師與三名得意弟子西堂智藏、百丈懷海和南泉
普願一同賞月，馬祖問他們：「你們看此境如何？」西堂智藏回答
說：「此時正好焚香以講經說法供佛。」百丈懷海則說：「此時正是
參禪打坐的好時機。」唯有南泉普願默而不答，拂袖便走。於是馬祖
讚歎道：「經入藏，禪歸海，唯有南泉普願獨超物外。」

24. 馬祖圓相

　　一僧正在參禪時，馬祖在地上畫了個圓圈，然後對他說：「你入

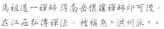

圈內我便打，不入圈內我也要打。"那僧猶豫不決，正想走入圈內，馬祖舉起拄杖便打，那僧説："大師打我不得！"於是馬祖放下拄杖離去。

有一次，馬祖叫門人送封信至杭州徑山道欽禪師處，道欽拆開書信一看，信紙上只是畫了個圓圈。於是他便在圓圈中用筆點了一點，即刻封好送回馬祖處。

耽源在馬祖面前畫了個圓圈，然後上前禮拜並站在圓圈內。馬祖問："你莫非想作佛？"耽源回答："我不解捏目。"馬祖説："我不如你。"耽源默而不答。

圓圈，即禪宗所謂的圓相，是一種接引學人的方法，馬祖道一、南陽慧忠國師等人常採用。後來耽源開悟後，將圓相這一機法發展為97個圓相，作為縱奪接殺之用。仰山慧寂禪師曾説："種種圓相，無非是賓主縱意，權實機關，總的來説須看時節的條件關係，隨機拈弄，即可唾手可得，方便設備，又或閒暇，師資辨難，互換機鋒，重要的是現前的大機大用，不存在什麼規則。"

25. 這鈍根[1]阿師

　　有一位專講佛經的法師，一天前來請教馬祖："請問禪宗傳持什麼法？"馬祖反問："請問法師你傳持什麼法？"法師回答："我已講了經論二十餘本。"馬祖問："莫非是獅子兒？[2]"然後作噓噓聲。法師說："這是獅子出窟法。"馬祖默然不作聲，法師又說："這是獅子在窟法。"馬祖問："不出不入，是什麼法？"法師答不上來，只好告辭。馬祖急忙招呼他："法師！"法師回頭，馬祖問："是什麼？"法師無言以對，不知所措。馬祖說："這鈍根阿師！"

　　這位善講佛教經論的法師，雖也識得獅子（釋迦牟尼）出入法，卻不知不出不入法，仍落入一般的常流，這說明禪宗大法不是那些僅能照本宣科的人所能領悟的。

26. 何不自射

　　有個獵人，平常很厭惡出家人。一天，他追趕一隻鹿，在路上遇到了馬祖。他向馬祖打聽有沒有見到一隻鹿從這裡經過，馬祖反問他："你是什麼人？"那人回答："我是獵人。"馬祖又問："那一定懂得射箭術？"獵人很自負地回答："當然懂得。"馬祖接着又

(1) 鈍根：也稱為"鈍機"，是梵文 Mrdu-indriya 的音譯，意思是指那些接受教義教理遲鈍的人。
(2) 獅子兒：因佛教尊稱釋迦牟尼為無畏獅子，所以這裡所說的"獅子兒"是喻指釋迦牟尼的兒孫，也就是遵循佛教經典的人。

問：“那你一箭能射幾隻鹿？”獵人回答：“我一箭射一隻！”馬祖説：“你不懂得射箭術！”

那人聽了此話，不服氣地問道：“那請問大師一箭能射幾隻鹿？”馬祖説：“我一箭能射一群。”那人不解地問道：“它們都是有生命的，何必要射一群呢？”馬祖反問：“你既然知道它們都是有生命的，你只知射它，為何不射自己呢？”那人顫抖着説：“我不忍下手也無從下手。”馬祖忙説：“你被煩惱困擾了這麼久，今天是該驅除的時候了。”

那人聽了此話，立刻折箭削髮，拜在馬祖門下，從此皈依佛法。

27. 鹽官犀牛扇子

鹽官齊安國師是馬祖道一的法嗣，有一天，他對侍者説：“把犀牛扇子[1]拿來！”侍者回答説：“已經破了。”鹽官齊安國師説：“扇子既然破了，還我犀牛兒來！”侍者無言以對。

宋代圓悟克勤禪師對此評道：這則公案，雖則不在言句上，但要勘驗人的平生意氣，又必須借言句來顯示。鹽官齊安國師豈不知道扇子破了，請問他要犀牛兒幹什麼？不過是為了考驗學人知道有無落處（歸宿）。

圓悟克勤

圓悟克勤禪師，幼年出家，初從成都圓明學習經論，後赴湖北黃梅五祖山參謁臨濟宗楊歧派法演禪師，開悟後住成都昭覺寺弘法。他是“文字禪”的代表人物。

（1）古時以犀牛角做扇子骨架。

宋代雪竇重顯禪師對此公案頌道：

犀牛扇子用多時，問着元來總不知。

無限清風與頭角，盡同雲雨去難追。

接着又説，如果要清風再來，莫非犀牛的頭角重生，請參禪的人各下一轉語。當時有一僧站出來説："大家參堂去！"雪竇重顯禪師喝斥道："抛鉤釣鯤鯨，釣得個蛤蟆。"隨後下座。

28. 白家寶藏

大珠慧海最初參見馬祖時，馬祖問他來這裡有什麼事，大珠慧海回答説："我來貴處求佛法。"馬祖説："我這裡一無所有，求什麼佛法？自家寶藏都不顧，抛家散走幹什麼？"大珠慧海疑惑地問："不知哪個是自家寶藏？"馬祖回答説："就是現在站在我面前問我的人，這便是你的寶藏。一切都具備和充足，使用起來自由自在，你何必還要向外求呢？"大珠慧海頓然開悟，懂得了自己應認識自己的本源心性的道理。

禪門所謂"自家寶藏"，即是自己的本心，也就是本源心性。大珠慧海在馬祖的啟發下，懂得了自家寶藏應自證自悟，才能真正領會禪法要旨。後來他通過體悟與實踐，寫出了《頓悟入道要門論》，受到了馬祖道一禪師的高度稱讚，説："越州有大珠，圓明光秀自在無礙，真是沒有遮蔽障礙。"

隋代觀世音石像

北魏正始四年法想造彌勒三尊像

29. 何法度人

　　有一僧問大珠慧海禪師：“大師說何法使人離俗出家？”大珠慧海回答說：“我未曾有一法使人離俗出家，不知你說何法使人離俗出家？”那僧回答說：“我講《金剛經》。”大珠慧海又問：“這部經

是誰人論述的？"那僧生氣地説："大師竟然捉弄人，豈有不知是佛
所論述的？"大珠慧海説："如果説釋迦牟尼有所説法，就是毀謗
佛；如果説此經不是佛所論述的，就是毀謗經典。你以為如何？"那
僧無話可説。

大珠慧海又問："經上説，'若以色見我，以音聲求我，是人行
邪道，不能見如來[1]'。你説哪個是如來？"僧人茫然不解。大珠慧海
説："你講經二十多次，卻不識如來。所謂如來，就是諸法如義，你
説是還是不是？"那僧回答説："經文上説得很清楚，怎能不是？"大
珠慧海又問："你如否？"僧人回答："如。"大珠慧海再問："木
石如否？"那僧回答："如。"大珠慧海緊接着又問："那你與木石
有什麼區別？"那僧無言以對。

30. 饑來吃飯　睏來即眠

有一位講佛教戒律的源律師，一次問大珠慧海："大師修行禪
道，是否用功？"大珠慧海回答説："用功。"源律師又問："如何
用功？"大珠慧海回答："饑來吃飯，睏來即眠。"源律師説："一
切人都是如此，不是與大師一樣用功嗎？"大珠慧海回答説："不
同。他們吃飯時不肯吃飯，百般挑揀；睡覺時不肯睡覺，千般計較。
因此，他們與我的用功不同。"

大珠慧海的"饑來吃飯，睏來即眠"後來成為禪門佳話，表現出
他的"大用現前"的禪法，自然任運，不執着於一物，不迷妄於文字
言語，在日常生活中即可體悟禪道。

---

(1) 如來：梵文Tathāgata的意譯，佛的十號之一。"如"亦名"如實"，即真如，指佛所説的"絕
對真理"；依此真如達到佛的覺悟。

31. 好雪片片不落別處

唐代有位姓龐的居士，初參石頭希遷禪師便問："不與萬法為侶是什麼人？"話音未落，便被希遷禪師掩住了口。龐居士有所省悟，於是作頌道：

日用事無別，唯吾自偶諧。

頭頭非取捨，處處沒張乖。

朱紫誰為號，青山絕點埃。

神通並妙用，運水及搬柴。

後參馬祖，他又問："不與萬法為侶是什麼人？"馬祖說："待你一口吸盡西江水，我就對你說。"龐居士豁然大悟，作頌道：

十方同聚會，個人學無為。

此是選佛場，心空及第歸。

為他是作家，後列剎相望。

龐居士所到之處，競相稱譽。他辭別藥山惟儼禪師時，禪師派了10位禪客相送。當時天下着大雪，龐居士指着雪説："好雪，片片不落別處。"有位全禪客問他："落在何處？"龐居士隨即打全禪客一掌，全禪客説："居士不得如此粗魯。"龐居士説："憑什麼稱作禪客，閻王爺可不輕易上當。"全禪客又問："居士怎麼領會？"龐居士又打了全禪客一掌，並説："眼見如瞎，口説如啞。"

宋代雪竇重顯禪師對此公案頌道：

雪團打，雪團打，龐老機關沒可把。

天上人間不自知，眼裡耳裡絕瀟灑。

瀟灑絕，碧眼胡僧難辨別。

意思是説：當時如果握雪團打時，龐居士縱有什麼樣的機關，也難以對付。眼裡是雪，耳裡也是雪，正住在"一色邊"，也叫做"打成一片"。最後一句，雪竇重顯禪師又轉機説，只此"瀟灑絕"，即便是碧眼胡僧（指達摩）也難以辨別。達摩尚難辨別，更教山僧説個什麼？

32. 梅子熟了

馬祖有一名弟子名法常，當聽到馬祖説"即心即佛"後當即大悟，於是便到餘姚南邊的大梅山去作主持。馬祖想瞭解法常領悟的程度到底怎樣，便派一名弟子去問法常："你究竟於馬祖大師處悟得了什麼？"法常回答説："大師教我即心即佛。"那弟子説："大師近來佛法有變，又説'非心非佛'。"法常説："他説他的非心非佛，我只管即心即佛。"馬祖聽後讚許地説："大眾，梅子熟了。"

唐三彩天王俑

33. 石頭路滑

　　馬祖門下一位叫鄧隱峰的居士，打算到石頭希遷禪師那裡去請教，馬祖告誡他說："當心石頭路滑！"鄧隱峰說："沒關係，我隨身帶着竹竿，逢場作戲，還怕石頭路滑麼？"

　　鄧隱峰來到石頭希遷禪師處，繞禪床一週，並用拄杖往地上戳了一下，然後問："這是什麼宗旨？"石頭希遷禪師回答："蒼天！蒼天！"鄧隱峰無言以對，回來告訴馬祖，馬祖說："你再去問，等他回答時，你便噓兩聲。"鄧隱峰遵照馬祖的吩咐，再度前往石頭希遷禪師處，又問："這是什麼宗旨？"石頭希遷禪師並未回答，卻搶先噓了兩聲，弄得鄧隱峰瞠目結舌，只好又返回馬祖處。馬祖説："我早就告誡過你'石頭路滑'。"

鄧隱峰兩次都被石頭希遷搶先識破用意，所以馬祖説"石頭路滑"。只因為鄧隱峰太執着於理性上的禪意宗旨，縱使問蒼天，蒼天也無言可答。何處問？自問本心。

34. 百丈野鴨子

有一次，百丈懷海同老師馬祖一同行路時，見一群野鴨子飛過。馬祖問道："這是什麼？"懷海回答説："野鴨子。"馬祖又問："什麼地方去了？"懷海回答説："飛過去了。"馬祖於是捏百丈懷海的鼻子，懷海負痛失聲，馬祖説："何曾飛去？"懷海有所省悟。

懷海回到僧房，失聲大哭，別人問他為什麼哭，他説："我的鼻子被馬祖大師捏得疼痛難忍。"那人問："什麼原因？"懷海説："你去問大師吧。"那名僧人於是前去問馬祖："大師，懷海師兄為什麼在房裡痛哭？"馬祖回答

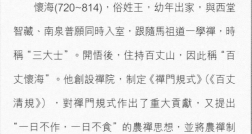

百丈懷海

懷海(720~814)，俗姓王，幼年出家，與西堂智藏、南泉普願同時入室，跟隨馬祖道一學禪，時稱"三大士"。開悟後，住持百丈山，因此稱"百丈懷海"。他創設禪院，制定《禪門規式》《百丈清規》，對禪門規式作出了重大貢獻，又提出"一日不作，一日不食"的農禪思想，並將農禪制度化。法嗣有溈山靈祐、黃檗希運等15人。

說："這是他悟道了，你去問他吧。"僧人回來告訴懷海："師父説
你開悟了，叫我來問你。"懷海聽後哈哈大笑。那名僧人很驚訝地
問："先前哭，現在笑，是何道理？"懷海自言自語地説："先前哭，
現在笑。"弄得這僧莫名其妙。

依禪宗看來，浩瀚世界本無東西南北之別，也無飛過來、飛過去
之別，野鴨子飛過僅是一種虛妄的象徵而已。馬祖捏百丈懷海的鼻
子，乃是大機大用，目的是破除迷執，使他頓悟其禪旨。

35. 三日耳聾

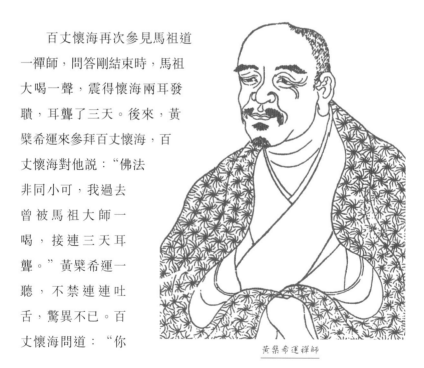

百丈懷海再次參見馬祖道
一禪師，問答剛結束時，馬祖
大喝一聲，震得懷海兩耳發
聵，耳聾了三天。後來，黃
檗希運來參拜百丈懷海，百
丈懷海對他説："佛法
非同小可，我過去
曾被馬祖大師一
喝，接連三天耳
聾。"黃檗希運一
聽，不禁連連吐
舌，驚異不已。百
丈懷海問道："你

黃檗希運禪師

是否要繼承馬祖大師的機法？"黃檗希運説："不一定。我今日知道了馬祖大師的大機大用，但還不瞭解他，我怕這樣很難接引到學人。"百丈懷海説："是的，是的!只有見解超過了師父，才能承擔起禪教大法的傳授。你在很多地方都超過了師父的見解。"

百丈懷海禪師

這則公案，為後代許多禪師列舉和評論。溈山靈祐曾問仰山慧寂："百丈懷海再參馬祖時，這位大師的意旨如何？"仰山慧寂回答："這是顯示大機大用。"溈山靈祐又問："馬祖門下弟子84人，幾人得大機，幾人得大用？"仰山慧寂回答説："惟有百丈懷海得大機，黃檗希運得大用。"

汾陽善昭禪師為此作了一頌：

每因無事侍師前，師指繩床角上懸；

舉放卻歸本位立，分明一喝至今傳。

張商英也作一頌，評道：

馬師一喝大雄峰，深入骷髏三日聾。

黃檗聞之驚吐舌，江西從此立宗風。

因百丈懷海的鼎力，馬祖這一派很快形成了"洪州宗"。

36. 野狐還身

百丈懷海禪師每天上法堂，總有一個老人夾雜在眾門人中聽法。有一天，百丈懷海問他："你是何人？"老人回答說："我不是人，而是在過去迦葉佛(1)時，曾住在此山。因有一學人問：'出家修行的人還落因果嗎？'我回答說：'不落因果。'然後500年來我一直是野狐身。今請大師為我開示，讓我脫離野狐身。"百丈懷海說："你問吧。"老人問："出家修行的人還落因果(2)嗎？"百丈懷海回答說："不昧因果。"老人聽後大悟，急忙施禮說："我已脫離野狐身，住在山後，請求依亡僧還身。"百丈懷海便召集眾門人來到山後巖下，以拄杖挑出一隻死狐，並依佛門法規火葬。

宋代無門慧開禪師對這則公案評道："不落因果，為什麼墮入野狐身？不昧因果，為什麼脫離野狐身？如果從中參究明白，便知道百丈懷海禪師贏得風流餘韻五百世。並頌道：

不落不昧，兩採一賽；

不昧不落，千錯萬錯！

37. 南泉斬貓

一次，幾個和尚在爭論貓有無佛性，恰好被南泉普願禪師碰上，

---

(1) 迦葉佛：過去七佛的第六佛，意譯為"飲光"，傳說是釋迦牟尼前世之師，曾預言釋迦牟尼將來必定成佛，塑像往往騎一獅子。

(2) 因果：是佛教用來說明世界一切關係並支持其宗教體系的基本理論。佛教所謂"三世因果"，以為現世界人們的貧富窮達，是前生所造善惡諸業決定的結果；今生的善惡行為，必然導致後生的罪福報應。

於是他抓起貓對眾僧說："有誰能說出貓兒有無佛性的道理，這隻貓就可得救，如果說不出，我就把這隻貓殺了。"眾僧你看我我看你，無言對答。南泉普願見無人能答，便把貓殺了。這時趙州從諗禪師從外面回來，知道事情

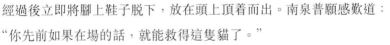

經過後立即將腳上鞋子脫下，放在頭上頂着而出。南泉普願感歎道："你先前如果在場的話，就能救得這隻貓了。"

南泉普願見眾僧執着於貓有無佛性，為了截斷學人的妄想分別，即將貓一刀兩斷。鞋本應穿在腳上以利於行走，而趙州從諗不落言銓，反其道而行之，放在頭上頂着而出，意謂貓有佛性也罷，無佛性也罷，不有不無也罷，就好比頭豈能穿鞋而行走？這則公案很著名，歷來被禪家稱為祖師難關之一。

38. 麻谷振錫

麻谷寶徹禪師有一次手持錫杖來到章敬懷暉禪師處，繞禪床三週，然後將錫杖振地一下，合掌而立。章敬懷暉說："是！是！"

麻谷寶徹又來到南泉普願禪師處，如法炮製。南泉普願說：“不是！不是！這是風力所轉，終成敗壞！”麻谷寶徹說：“章敬懷暉禪師即是，是你不是。”

宋代圓悟克勤禪師對此公案評道：古人一言相契即住，一言不相契而去。章敬懷暉禪師說“是！”這是殺人刀，活人劍；南泉普願禪師說“不是！”也是殺人刀，活人劍，均是禪宗至極處的大機大用。為什麼說“風力所轉，終成敗壞”，《圓覺經》說，“我今此生，四大和合。”所謂毛髮爪齒、皮肉筋骨、髓腦垢色，皆歸於地；唾涕膿血，皆歸於水；暖氣歸火；動轉歸風，四大各離今者妄身，當在何處？寶徹禪師拄杖繞禪床，即是“風力所轉，終成敗壞。”

39. 狗子佛性

一天，一僧問趙州從諗：“狗有無佛性？”趙州從諗回答說：“無。”僧人又問：“上至諸佛，下至螞蟻小蟲，均有佛性，為什麼狗卻無呢？”趙州從諗說：“因為他有語言、行動和意識。”又有一僧問：“狗有無佛性？”這次趙州從諗卻回答說：“有。”這僧又問：“既然有佛性，為什麼撞入這個皮囊（指狗的軀殼）裡？”趙州從諗說：“因為他知而故犯！”

在這則公案中，趙州從諗借狗的佛性以打破學人對有無的執着。這裡所說的無是指超越存在的佛性實態，並非指物的有無。“狗有無佛性”一直是禪僧們為了破除執着有無的一樁公案，也是難以參破的問答。宋代禪師無門慧開在《禪宗無門關》第一則“趙州狗子”中說：

"參禪必須通過三道難關（初關、重關、牢關），要直觀感悟，不可用心理意識去推度揣摩。依我看禪宗祖師的難關，只這一個'無'字，即是宗門一關。因此，我把它定名為'禪宗無門關'。能通過此關的人，不僅有如親見趙州從諗禪師，而且可以說猶如與歷代祖師攜手同行，眼見耳聞相同，豈不慶幸快活？"又說："這個'無'字，不可當作虛無的無來領會，也不能當作有無的無來體會。"如果僅僅執着於有無，就不可能自在無礙。

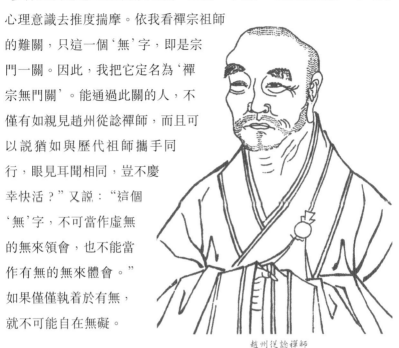

趙州從諗禪師

40. 庭前柏樹子

一天，一僧問趙州從諗："達摩祖師從印度來到中國的用意是什麼？"趙州從諗回答說："庭前柏樹子。"僧人不明白，問："大師莫不是以境示人？"趙州從諗說："我不是以境示人。"僧人又問："那到底達摩祖師來中國幹什麼？"趙州從諗仍然回答說："庭前柏樹子。"

無門慧開禪師評道：如果能從趙州從諗禪師答話處領悟得分明透徹，即是前無釋迦牟尼佛，後無彌勒佛！接着又頌道：

言無展事，語不投機；

無言者喪，滯句者迷。

意思是：言語不能展示具體的事相，文字也不能闡述其機鋒的要旨；執着於言語的人會喪失悟禪的慧命，停滯於文字者則會迷妄。

41. 台山婆子

有一僧遊五台山，見一老太婆便問：“五台山的路向什麼地方去？”老太婆回答説：“一直朝前走。”其僧便照老太婆説的方向去了。老太婆説：“好個師父就這麼去了。”

僧人把此事告訴了趙州從諗，趙州從諗説：“待我去勘驗一下。”

第二天，趙州從諗便去問那老太婆：“五台山的路向什麼地方去？”老太婆仍然回答説：“一直朝前走。”趙州從諗便照老太婆説的方向去了。老太婆依舊

説：“好個師父就這麼去了。”

趙州從諗回來對那僧説：“五台山那老太婆已被我勘破了。”

"台山婆子"這一公案，後來成為歷代禪家所參的一個主要"話頭"之一。宋代宏智正覺禪師頌道：

> 年老成精不謬傳，趙州古佛嗣南泉。
>
> 枯龜喪命因圖像，良駒追風累纏牽。
>
> 勘破了老婆禪，　說向人前不值錢。

元代萬松行秀禪師註釋道：南泉普願、趙州從諗都是禪門高人，當然年老，所以說"年老成精"。"枯龜喪命"是指宋元君夢見一披髮的人對他說："我自宰路之淵，為清江使河伯之所，漁者我得予。"後來漁者果然網到了白龜，宋元君本來想把這隻大龜養起來，但卜之說："殺龜以卜吉"，於是剖龜為卜。周穆王有8匹駿馬，奔馳如乘雲飛鳥一樣快，因此叫"良駒追風"。這首頌老太婆能勘僧，而不免被趙州從諗勘破。趙州從諗雖能勘婆，而不免琊瑯禪師點檢[1]。參禪謂之"金屎法"，不會如金，勘破如屎，所以"說向人前不值錢"。

42. 鎮州大蘿蔔

一次，有一僧問趙州從諗："聽說師父親見[2]南泉普願禪師，是否真是這樣？"趙州從諗回答說："鎮州出大蘿蔔頭。"

趙州從諗是南泉普願禪師的法嗣，曾隨之學禪達40年之久，這是廣為人知的事，因此，趙州從諗也以眾所週知的"鎮州出大蘿蔔頭"來回答。既是廣為人知的事，那僧又豈不知道，而知道還要問，當然是有其用意的。所以，這則公案的意思是聽說乃是一種傳言，如果沒

---

(1) 琊瑯禪師評道："大小趙州（指師徒）去這老太婆手裡，喪身失命（指喪失參禪悟道的慧命）。"

(2) 親見：此處為繼承衣缽之意。

玉印觀音（南宋大足石刻）

有自己親自看到，則不可信。然而相信與不相信，又於風聲傳言無關，重要的是自己如何去把握。

43. 一件布衫重七斤

一次，一僧問趙州從諗：「萬法歸一，一歸何處？」趙州從諗回答説：“老僧在青州做了一件布衫重七斤。”

“萬法歸一”也就是一生萬法，如老子説：“道生一，一生二，二生三，三生萬物。”這“一”本是萬象之根，萬法之本。“一歸何處？”歸於道。這“道”不可言説，所以趙州從諗説他在青州做了一件布衫重七斤。這話當然是毫無意味的對話，意在斷滅學人的有無妄想。

14. 八十老翁行不得

大詩人白居易一天上山去參訪鳥窠道林禪師，對禪師説：“禪師住處很危險。”鳥窠道林禪師回答説：“我看大人更危險。”白居易問：“我居鎮江山，有什麼危險？”鳥窠道林禪師回答説：“薪火相交，識性不停，怎麼不危險？”白居易又問：“什麼是佛法大意？”鳥窠道林禪師回答説：“諸惡莫作，眾善奉行。”白居易譏笑地説：“這

南宋梁楷所繪《八高僧故事圖卷》之“鳥窠道林禪師”，即以白居易參謁鳥窠道林禪師為題。

話連三歲小孩都知道。"鳥窠道林禪師說:"雖然是三歲小孩都知道,但八十歲的老翁卻未必能做得到。"白居易於是施禮而退。

山雖險,但陷入情識知解而不能自拔,如薪火相交,則更險。揚善懲惡,雖是老幼皆知,但80歲老翁卻也未必能做得到。這對作地方長官的白居易來說,尤為重要。

45. 遇神僧渡澗

黃檗希運遊天台山時,路遇一僧,黃檗希運見那僧目光射人,非同凡響,便一道同行。二人來到一山澗邊,當時澗水暴漲,那僧即刻拉着黃檗希運準備共同渡澗。黃檗希運膽怯地說:"師兄要渡請自渡。"只見那僧提起衲衣,走在波浪上如夷平地,並回頭招呼黃檗希運快過來。黃檗希運感慨地說:"咄!你這個自了漢,我早知道的

話，就該砍斷你的腿。"
那僧讚歎地説："真是救
渡眾生的大乘法器，我
不如你。"説罷，那僧就
不見了。

　　大乘佛教宣傳大慈
大悲，普度眾生，而小
乘佛教則以追求個人自
我解脱，"灰身滅智"，證得阿羅漢為最高目標。這則公案是假託路
遇神僧，而標榜黃檗希運悟得了大乘精神。

46. 説粗説細

　　黃檗希運到京城參拜鹽官齊安國師，當時正值少年的
唐宣宗李忱跟隨國師作"小沙彌"（即小和尚）。
"小沙彌"問黃檗希運："不執着於佛，
不執着於法，不執着於僧，長老前來
禮拜，有何所求？"黃檗希
運回答説："不執着於佛，
不執着於法，不執着於僧，
常常禮拜這樣的事。""小
沙彌"問："那何須禮拜
呢？"黃檗希運便打了"小

沙彌"一掌。"小沙彌"氣憤地說："太粗野了！"黃檗希運說："這裡是什麼所在？說粗說細！"接着又打了他一掌。

不執着於佛教所謂的"三寶"——佛、法、僧[1]。不執着並不等於不過問，只要不迷執，還是要經常參究。出家人必須皈依佛、法、僧，這樣威嚴的場合，何談說粗說細。黃檗希運兩度打"小沙彌"，為的是要破除他對佛教三寶的迷執。

47. 不是無禪而是無師

有一天，黃檗希運見有很多人從四面八方來聽他講禪法，便問："你們到此來尋求什麼？"並站起來以拄杖趕之，眾人仍不散去。黃檗希運對眾人說："你們全都是噇酒糟漢[2]，怎能求法證悟呢？不要見人多的地方就去，只圖熱鬧。老衲遠行參禪時，即便是遇草根下有一人，便從頂門上一錐，如果他知道痛癢，我可以把布袋裡的米拿來供養他，但並不像你們這樣容易。你們既自稱遠行參禪的雲遊僧，也須有自己的精神。你們可知大唐國裡無禪師嗎？"

一僧問道："現在各方的禪門高僧都聚眾講說禪教大法，為什麼你卻說無禪師呢？"黃檗希運回答說："我不是說無禪，只是說無師。你們可知馬祖門下84位弟子，得其正法的也不過兩三人。宗派乃是人為的，各有各的體會。有些人學得禪師們的隻言片語，便自稱懂得禪法要旨，這能代替你們對生死的了卻嗎？輕視以往的禪宗老前

（1）三寶："佛"指釋迦牟尼，也泛指一切佛；"法"指佛教教義；"僧"指繼承、宣揚佛教教義的僧眾。

（2）噇酒糟漢：即食人糟粕的愚鈍者。

大勢至菩薩坐像（龍門石窟，龍門奉先寺遺址出土）

輩，就會好比箭一樣射入地獄。我初見你們入門來，便識破你們的用心。你們必須努力奮進，如果庸庸碌碌，明眼的人會笑話你們，日久便會墮入凡夫俗子。你們自己要有主見，目光應當看遠一點，不要只顧近前的事。如果你們理解了我今天說的話便好好珍重，如果不理解就回去吧。"

黃檗希運禪師所處的中晚唐時代，正是禪宗很興盛的時候，馬祖道一、百丈懷海、青原行思、石頭希遷等大師的繼承人遍佈中華，但為什麼黃檗希運卻說"無師"呢？關鍵就在於他所說的"宗派乃是人為的，各有各的體會"，禪與佛在每個人的心中，主要是靠自己去領悟，光靠"師"是沒有用的。

48. 三問三捱打

臨濟義玄禪師年輕時參拜黃檗希運為師，一天，黃檗希運門下第一座睦州道明問他："你來這裡已經三年了，是否參問過？"臨濟義玄回答說："沒有參問過，因為我不知道問什麼。"睦州道明說：

> ## 臨濟宗
>
> 臨濟宗，因創始人義玄禪師住在臨濟院而得名，屬南宗禪南岳懷讓法系，到北宋石霜楚圓禪師後，又分為黃龍、楊歧二派。該宗主要以義玄的"三玄"、"三要"、"四料簡"、"四照用"等作為接引學人的禪法，其機鋒峻烈，別成一家。臨濟宗在"五宗七家"中最為突出，影響最大，直到今天，日本仍然保留着臨濟禪的勃勃生氣。

"既如此，你為何不去參問師父，什麼是佛法大意？"

臨濟義玄聽從睦州道明的建議，前去參問黃檗希運，話還未問完，黃檗希運舉棒便打，臨濟義玄只好退了下來。睦州道明上前問他："參問的結果如何？"臨濟義玄有點喪氣地回答說："我話未問完，師父舉棒就打。"睦州道明鼓勵他說："沒關係，再去問。"臨濟義玄便再進去，黃檗希運舉棒又打，如此，三度問話，三度被打。

臨濟義玄下來告訴睦州道明："三次參問，三次捱打。我不怪你，也不怨師父，只恨自己障蔽太多，不能領悟禪法要旨。現在我只好向你辭別。"睦州道明説:"即便要走,也要去向師父道別嘛。"

然後睦州道明急忙去向黃檗希運懇求:"師父,義玄師弟雖然年輕,卻很奇特。若他來向師父辭別,請師父開恩接引他。依弟子之見,義玄日後必定會成長為一株神木,覆蔭天下人。"

不一會兒,臨濟義玄向黃檗希運辭行時,黃檗希運説:"義玄,如今你實在要走,師父也不便勉強。但我希望你前往高安灘頭參見大愚禪師,他定會為你解疑的。去吧!"臨濟義玄恭敬地禮拜,告辭而去。

49. 坐斷天下人的舌頭

某一年,夏安居(1)過了一半,臨濟義玄上黃檗山參見黃檗希運禪師,見黃檗希運正在看佛經。臨濟義玄説:"我以為是何人,原來是數黑豆(即數念珠)的老和尚。"過了幾日,臨濟義玄便要辭行,黃檗希運問:"為何不等到夏安居結束再走?"臨濟義玄回答説:"我只是暫時來參拜師父的。"黃檗希運一聽,舉棒便打,並叫他走。

臨濟義玄走了數里,心裡老疑惑着這件事,於是又折回,堅持到夏安居結束,再去向師父辭行。黃檗希運問:"你打算到哪裡去?"臨濟義玄回答:"不是去河南,便是

---

(1) 農曆四月十六至七月十五這三個月,是佛教徒在寺內坐禪修學的所謂"夏安居"時期。

去河北。"黃檗希運又舉棒便打，臨濟義玄將棒接住，反而打了師父一掌。黃檗希運哈哈大笑，急忙叫侍者："快將百丈懷海先師的禪板几案拿來。"臨濟義玄也叫侍者："快拿火將禪板几案燒了。"黃檗希運說："不必如此，你可將禪板几案拿去，以後好坐斷天下人的舌頭。"

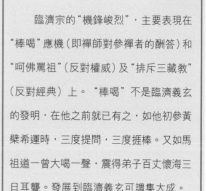

臨濟家風

臨濟宗的"機鋒峻烈"，主要表現在"棒喝"應機（即禪師對參禪者的酬答）和"呵佛罵祖"（反對權威）及"排斥三藏教"（反對經典）上。"棒喝"不是臨濟義玄的發明，在他之前就已有之，如他初參黃檗希運時，三度提問，三度挨棒。又如馬祖道一曾大喝一聲，震得弟子百丈懷海三日耳聾。發展到臨濟義玄可謂集大成。

這裡，"禪板几案"指的是百丈懷海禪師的遺風，所謂"坐斷天下人的舌頭"，是黃檗希運要臨濟義玄將百丈懷海的禪風宏揚於天下。

50. 剜肉補瘡

臨濟義玄來到鳳林禪師處，鳳林說："大師今日來此，正好我有一事想借問大師。"臨濟義玄回答說："禪師何必剜肉補瘡。"鳳林說："海月澄無影，游魚獨自迷。"臨濟義玄回答："海月既無影，游魚何得迷？"鳳林又說："觀風知浪起，玩水野帆飄。"臨濟義玄又答："孤蟾獨躍江山靜，長嘯一聲天地秋。"鳳林接着又說："任張三寸揮天地，句臨機試道看。"臨濟義玄答："路逢劍客須呈劍，不是詩人不獻詩。"鳳林這時只好作罷。

臨濟義玄作了一偈頌道：

大道絕同，任向西東。

石火莫及，電光罔通。

這則公案體現出臨濟義玄直悟絕對本體，因此達到了絕對運行，無往無向的自由境界。而鳳林卻意識不及，言句罔道，無徵無象，非前非後。

51. 臨濟四料簡

有一天，臨濟義玄對普化、克符兩位上座說："我打算在此宏揚黃檗宗旨，你們應輔佐我。"

三天後，普化問臨濟義玄："大師，三天前你說什麼？"臨濟義玄舉棒便打。過了兩天，克符也來問："大師，兩天前你打普化幹什麼？"臨濟義玄仍然舉棒便打。

到了晚上小參[1]時，臨濟義玄對眾門人說："有時奪人不奪境，有時奪境不奪人，有時人境兩俱奪，有時人境俱不奪。"克符問："請問什麼是奪人不奪境？"臨濟義玄回答說："煦日發生鋪地錦，嬰兒垂髮白如絲。"

臨濟義玄禪師

(1) 小參：指早、晚參之外的非定時的參禪，上堂稱為大參，小參規模較小，故稱小參，或稱"家教"。

克符又問："那什麼又是奪境不奪人？"臨濟義玄回答說："王令已行天下遍，將軍塞外絕煙塵。"克符再問："如何又是人境兩俱奪呢？"臨濟義玄回答："並汾絕信，獨處一方。"克符最後問："怎樣才是人境俱不奪呢？"臨濟義玄回答說："王登寶殿，野老謳歌。"

臨濟義玄所謂"奪人不奪境，奪境不奪人，人境兩俱奪，人境俱不奪"，即是其所創的接引學人的四種方法，也就是著名的"四料簡"。這裡所說的"人"，即指主觀存在；"境"即指客觀存在。總的說來，是根據對象的實際情況，破除我（即支配人和事物的內部主宰者）、法（泛指一切事物和現象）二者的執着。"四料簡"的意思是：（1）奪人不奪境，意為針對我見深重的人，破除對人我見的執着；（2）奪境不奪人，意為針對執法深重的人，破除以法為實有的觀點；（3）人境兩俱奪，意為針對我執和法執都很重的人，破除其我、法二執；（4）人境俱不奪，意為對於人我、法我都無執着的人，二者都無須破除。

52. 臨濟三句與三玄三要

一僧問臨濟義玄："什麼是真正的佛、法、道？"臨濟義玄回答說："佛，即是自心清靜；法，就是自心光明；道，便是處處無礙，自由自在。達摩祖師來到中國，尋找不被凡俗所迷惑的人，後來遇二祖慧可，一言投機，才知從前是白費工夫。我今天的認識和見解，與祖佛無別。如從第一句中得到體會，堪與祖佛為師；若從第二句中有所收穫，堪與人天為師；若從第三句中獲得啟發，那自救不了。"

那僧接着問："什麼是第一句？"臨濟義玄回答說："三要印開

朱點窄，未容擬議主賓分。"那僧又問："那什麼是第二句？"臨濟義玄回答説："妙解豈容無着問，漚和爭負截流機。"那僧再問："第三句又是什麼呢？"臨濟義玄回答説："但看棚頭弄傀儡（即耍木偶），抽牽全藉裡頭人（耍木偶者）。"接着又説："太凡講解禪宗大法，一句中必須具備三玄門，一玄門中又須具備三要。有權（導引）有實（體實），有照（指禪機問答）有用（指'打'、'喝'等動作）。"

唐三彩天王俑

臨濟義玄提出的"三句"、"三玄三要"、"賓主相見"、"權實照用"的接引學人的方法，一句中具有三玄門，而一玄門中又有三要，那麼三句九玄門，共有二十七要，三玄即玄中玄，體中玄，句中玄，"三要"即指三種原則的變化運用。在臨濟義玄看來，最後應由二十七要還原為九玄門，由九玄門還原為三句，再由三句還原為一句，一便是無，最後由無到空，就是所謂的絕對真實。

53. 臨濟四喝

臨濟義玄一次對眾弟子說："有時大喝一聲猶如金剛王寶劍；有時大喝一聲好比踞地獅子；有時大喝一聲恰似探竿影草；有時大喝一聲不作大喝一聲的功用。你們對此作何理解？"當眾弟子紛紛議論師父的意思何在時，臨濟義玄又突然大喝一聲。

中國禪宗的"當頭棒喝"，目的是借此來警醒學禪人的執迷不悟。臨濟義玄的"四喝"中的"金剛王寶劍"，即指這一喝，可破除學人煩惱情識。"踞地獅子"，喻指威嚴神聖，如盤踞地上的獅子，大吼一聲，震動世界。"探竿影草"，意思是打漁者以鸕鶿的羽毛插在竹竿頭上，探入水中，待魚聚集然後網之，這就是探竿；以草浮水中，魚聚集成影，然後網之，即是影草。"探竿影草"是比喻禪師在接引學人時，方便利人，看有無師承，是否欺瞞，有見識還是無見識。"一喝不作一喝用"即指絕對和相對，喝即不喝，不喝亦喝，讓學人運行無礙。

54. 臨濟四賓主

一天，臨濟義玄對門人說："參禪學道的人，就好比賓主相見一樣，必有言語往來，或應機而現法身，或盡其全力，或抓住時機方便利人，或現半身而不全露，或如佛威神騎獅子，或似佛進退如騎象王。如果參禪的人懂得禪理，大喝一聲，先拿出一個膠盆子（喻指言語），禪師不辨是境，便於他境上裝模作樣，於是被參禪的人又大喝一聲，禪師不肯放下，猶如病入膏肓，這就叫做賓看主。或是禪師不拿出一物，只是隨着參禪學道之人問處就奪，那人死死不肯放，這就叫做主看賓。或有參禪的人應現一個清靜境，禪師辨得是境，抓住拋向坑裡。參禪的人説：大好禪師。禪師呵叱一聲説：不識好惡。參禪的人便禮拜，這是主看主。或有參禪的人，披枷戴鎖（指不懂禪理），禪師不但不為其解開枷鎖，反而加上一重，彼此不辨，這叫賓看賓。以上四種方法，都是識別煩惱障礙的變異成敗的法則，以此可以知道其正確和錯誤。

唐代菩薩石像

這就是著名的"四賓主"禪法，即考察賓（參禪學道的人）主（禪師）問答中是否真正掌握禪理的四種方法：(1)賓看主，即參禪者懂得禪理，而禪師不懂裝懂；（2）主看賓，即指禪師懂得禪理，而參禪者不懂裝懂；（3）主看主，指雙方都懂得禪理；(4)賓看賓，指雙方都不懂禪理，而又互相賣弄。

55. 臨濟四照用

一天，臨濟義玄對眾門人説："今天我向你們講我的'四照用'禪法，即一、先照（即禪機問答）後用（即或棒或喝）；二、先用後照；

三、照用同時；四、照用不同
時。先照後用有人（主體）在；
先用後照有法（客體）在；照用
同時，如耕夫趕牛，餓人奪
食，敲骨取髓，痛下針錐；照
用不同時，則有問有答，立主
（禪師）立賓（學人），合水和
泥，應機接物，運用自若，如
果學人超出了認識和判斷的尺

度，當他還未舉問之前，讓他放棄，有一點兒比較。"

　　有一僧站出來問道："請問大師，什麼是禪法的大意？"臨濟義
玄回答道："你剛才聽了我的'四照用'禪法，你試說一下如何？"那
僧於是大喝一聲，臨濟義玄也大喝一聲，那僧又大喝一聲，臨濟義玄
舉棒便打。（按：這便是先照後用。）

　　又有一僧問："什麼是禪法大意？"臨濟義玄便大喝一聲，然後
說："你說這一喝如何？"那僧也大喝一聲，臨濟義玄又大喝一聲，
那僧也跟着大喝一聲，臨濟義玄舉棒便打。（按：這是先用後照。）

　　一僧剛進門，臨濟義玄便大喝一聲，臨濟義玄舉棒便打，並說：
"只有先鋒好打，且無殿後。"（按，這是照用同時。）

　　有一僧來參拜，臨濟義玄便大喝一聲，那僧也大喝一聲，臨濟義
玄又大喝一聲，那僧也大喝一聲，臨濟義玄舉棒便打，並說："好打
為他作主不到頭無用處，主家須奪面用之，千人萬人，到此出手不
得，直須趕快着眼看才能獲得。"（按：這是照用不同時。）

　　"四照用"是臨濟義玄所創的接引學人的禪法之一。

說禪

56. 賓主之分

　　臨濟義玄經常採用大喝一聲的機法，為的是警醒學人，破除迷執。當時，門人中有許多人也學他大喝一聲，臨濟義玄對他們說："你們總是學我大喝一聲，我現在問你們，有一人從東堂出，一人從西堂出，兩人齊喝一聲，這裡有無賓主之分？你們如何區別？如果不能區別，以後不要再學老僧的大喝一聲了。"弄得這些人瞠目結舌。

　　臨濟義玄的禪法是通過實踐總結出來的，雖然也繼承了很多前輩禪師們的宗風，但重要的是大大地發展了前輩禪師們的禪法。不管學習什麼東西，只有在繼承的基礎上努力創新，才是最可貴的。

57. 無位真人

　　一天，臨濟義玄對門人說："赤肉團[1]上，有一位無位真人[2]，當從你們門面前出入，未證得本心的人看看。"一僧站出來問："請問

---

(1) 赤肉團：即人的肉身。

(2) 無位真人：指本體心性。

什麼是無位真人？"臨濟義玄走下法座，抓住那僧反問："你説！你
説説看！"那僧正在猶豫，臨濟義玄推開他説："無位真人，是什麼
乾屎橛⑴!"

臨濟義玄所講的"無位真人"，即是要學人頓悟自己的本體心
性，以便使精神達到絕對的最高境界，也就是説了悟本體心性的最高
智慧者，將是超越一切，而又在一切之中，任運自如。

58. 豎起拂子

有一僧問臨濟義玄："什麼是佛法大意？"臨濟義玄將拂子豎
起，那僧便大喝一聲，臨濟義玄舉棒便打。

又有一僧問："什
麼是佛法大意？"臨濟
義玄又將拂子豎起，那
僧便大喝一聲，臨濟義
玄也大喝一聲，那僧猶
豫不決，臨濟義玄舉棒
便打，並説："諸位，
所謂法者，不避喪身失
命。我在黃檗希運先師
處，三次問法，三次被
打，如蒿枝拂⑵一樣，

（1）乾屎橛：乾了的拭人大便的竹片或木片。屎橛，又稱為廁籌，淨籌，淨木，廁簡子等。此種風
氣始於古代印度，舊時中國農村也有此習，此處喻污穢之意。

（2）蒿枝拂：蒿，通常指花小，葉子作羽狀分裂，有某種特殊氣味的草本植物，如茼蒿。蒿枝拂，
即用蒿枝作驅蟲的拂子。此處喻柔弱纖細，用以打人，無力，不痛。

現在還想捱一頓，誰來下手？"一僧站了出來："大師，我來下手。"
臨濟義玄立即將拄杖遞了過去，可那僧不敢接，臨濟義玄舉杖便打。

　　豎拂子，是歷代禪師們習用的表示佛法大意的動作機法，以示擎起
大千，梵音嘹亮。學人不懂禪理，胡亂大喝一聲，必遭棒打。臨濟義玄
應機接物，運用自如，以照用不同時的機法接引學人，大機大用。

59. 一頭瞎驢

　　臨濟義玄臨終前對眾門人說傳法偈：

沿流不止問如何？真照無邊說似他；

離相離名人不稟，吹毛用了急須磨。

　　偈的意思是：禪宗大法，代代相續，禪機問答，無窮無盡，虛名
假象，人不承受，利劍揮斬，及時磨礪。

　　然後又對眾門人說："我去世後，你們切不可斷絕我的禪法。"
三聖慧然站出來說："弟子怎敢斷絕大師的禪法？"臨濟義玄問三聖
慧然："以後若有學人來參問，你向他說什麼？"三聖慧然便大喝一
聲。臨濟義玄說："誰知我的禪法大意，向這瞎驢邊斷絕。"說完，
端坐而逝。

60. 爐中撥火

　　溈山靈祐最初在百丈懷海門下學禪時，一日，侍立於百丈懷海身
邊，百丈懷海吩咐說："你撥一撥爐中，看看有火沒有？"溈山靈祐

135

為仰宗

為仰宗，是由為山靈祐及其弟子仰山慧寂共同創建的。他們繼承和發揚了馬祖道一、百丈懷海"理事如如"的禪學理論，認為萬物有情皆有佛性，人如果"明心見性"，即可成佛。

靈祐與慧寂吸收了華嚴宗的"理事圓融"說，喜用圓相接引學人，尤其是慧寂初從耽源禪師處學得九十七圓相後，又從靈祐禪師學得"無思"法門，形成了以圓相代言的圖像禪法。

為仰宗以"參玄"代替"參禪"，受到當時一些士大夫的推崇，反映了為仰宗禪行向魏晉玄學復歸的傾向。

撥了撥，回答說："爐中無火。"百丈懷海於是自己走到爐邊深深地一撥，撥出一點火星，並問為山靈祐："你看這是什麼？"為山靈祐由此得到了啟發。百丈懷海說："靈祐，你先前未悟只是暫時的。經書上說：要想認識佛性的義理，應當觀察時節的條件和關係。時節既然到了，如迷忽悟，如忘忽憶，才能瞭解本體心性不是從身外去尋找的。所以祖師說：悟了同未悟，無心也無法，只是無虛妄凡聖等心，本體心性自身就具備。你今天已經有所認識，自己應好好地愛護。"

第二天，為山靈祐隨百丈懷海上山勞動，百丈懷海問他："帶火來了麼？"為山

為山靈祐

靈祐（771~853），俗姓趙，福州長溪人。15歲出家，三年後受具足戒，學大小乘經律。曾先後遇寒山、拾得禪師，23歲赴江西參見百丈懷海，遂為"上首"弟子，成其法嗣。曾到潭州為山（今湖南寧鄉西）獨棲7年，後建同慶寺，禪風大振，住為山達四十年之久。頗受相國裴休推崇，門下弟子甚多，是為仰宗創始人之一。

靈祐回答説："帶來了。"百丈懷海又問："在什麼地方？"溈山靈祐隨即拾起一根柴吹了兩下，遞給師父。百丈懷海讚歎地説："如蟲卸木，偶爾成文。"

公案中的火比喻本體心性，原本自己具備，迷時不見，悟時又見。百丈懷海説溈山靈祐"如蟲卸木，偶爾成文"，意思是説對於本體心性的了悟，就好比小蟲移木一樣，雖則偶然，但通過點滴積累，總會了悟，從而達到超越絕對一切。

61. 溈山水牯牛

溈山靈祐一天對眾門人説："老衲去世後，將於山下作一頭水牯牛，左肋下寫五個字：'溈山僧靈祐'。應當在什麼時候，叫做溈山僧又是水牯牛，或叫做水牯牛又是溈山僧，到底叫做什麼才是？"仰山慧寂站出來施一個禮便退下了。雲居膺説："師父沒有其他異號來資助這福極之寶的。"溈山靈祐說："但當時作此圓相相托呈之，新羅和尚作⊕相托呈之。"又說："同道的人方知芭蕉徹作⊕相托呈之。"接着又說："說也說了，註也註了，還得好好地領悟。"於是說了一偈：

> 不是溈山不是牛，一身兩號實難酬；
>
> 離卻兩頭應須道，如何道得出常流。

當天，溈山靈祐洗漱後盤腳而坐，安然而逝。

水牯牛喻指心之調伏，不是溈山也不是牛，兩者俱是假名，如果要了悟與繼承溈山靈祐的心法，學人必須直指本心，不可執着於名相。

62. 仰山一覽便知

仰山慧寂初參耽源應真禪師時，耽源應真對他說："當年我的老師南陽慧忠國師，曾將六代祖師的九十七圓相機法傳授於我，並對我說：'我去世後30年，南方有一沙彌前來，你可將九十七圓相機法

仰山慧寂

慧寂(807~883)，俗性葉，廣東韶州人。9歲出家，依南華寺通禪師為沙彌。14歲時為反抗家中父母逼他成親之命，砍斷了自己的兩根手指。初拜耽源禪師，次參溈山靈祐禪師，經十餘年而徹悟，與溈山靈祐共創溈仰宗。常在接引學人時，用手於空中畫一圓相(即圓圈)，再於圓相中寫"佛"等字。這種以手勢啟悟學人，稱為"仰山門風"。

傳授給他。"隨即把他珍藏的九十七圓相秘訣真本交給仰山慧寂。仰山慧寂接過真本認真地翻閱，然後一把火將真本燒了。

幾天後，耽源應真叮囑仰山慧寂："我交給你的真本，你要小心收藏好。"仰山慧寂回答説："大師，我當時看完便燒了。"耽源應真説："我的九十七圓相機法無人能會，只有歷代祖師才熟悉，你為什麼要燒了真本？"仰山慧寂説："我看一遍即知其意，又何須還要那本本呢？"耽源應真説："儘管你已瞭解，但恐後人不相信。"仰山慧寂説："如果要重錄不難，我可重新輯錄一本送上，保證無一遺漏。"

為了驗證，仰山慧寂用手於空中畫了一個圓相，再用雙手作呈遞形，然後雙手合掌站立一旁。耽源應真見此便用雙手相交，握拳示之。這時仰山慧寂向前走了三步，作女人禮拜姿勢，耽源應真連連點頭，仰山慧寂便施禮而謝。

禪不立文字，只要心悟，何須本本教條。仰山慧寂得到耽源應真的印可，後來，他將九十七圓相機法發揚光大，自立"仰山門風"。

禪宗公案百例

63. 存放三十棒

　　有一次，潙山靈祐帶領眾門人上山摘茶葉，在回寺院的途中，他對仰山慧寂說：“慧寂，今天摘了一天的茶葉，只聽到你的聲音，卻不見你的形相。”仰山慧寂搖了搖路邊的茶樹，作為無言的回答。潙山靈祐說：“你只得其用，不得其體。”仰山慧寂說：“不知師父怎麼樣？”潙山靈祐沉默許久不吭一聲，仰山慧寂又說：“師父只得其體，不得其用。”潙山靈祐說：“我先把三十棒存放在你身上。”仰山慧寂說：“師父的棒弟子領受了，我的棒又叫誰領受呢？”潙山靈祐又說：“再存放三十棒在你身上。”

　　仰山慧寂搖茶樹，表示以用（動作的機用）顯體（本體心性），潙山靈祐以沉默表示得體得用，而仰山慧寂不知，只得虛受三十又三十棒。須知禪法的要旨，用在體中，體由用顯，悟得本原心性，體用自如。

64. 插鍬與拔鍬

　　一次，潙山靈祐問仰山慧寂：“慧寂，你從什麼地方來？”仰山慧寂回答說：“師父，我從田裡幹活回來。”潙山靈祐又問：“田裡有多少人？”仰山慧寂於是把鐵鍬插在地上，然後雙手合掌。潙山靈祐說：“今天的南山大有人割草。”仰山慧寂拔起鐵鍬便走。

　　五代玄沙師備禪師對此公案評道：“我如果遇見，立即踩倒鐵鍬。"有人問鏡清道怤："玄沙師備評此公案時，説他會立即將鐵鍬踩倒，這又是何意？"鏡清道怤回答説："船雖奈何不得，打破戽斗(1)。"那僧再問："南山割草，又是什麼意思？"鏡清道怤回答説："李靖(2)三兄弟，久經沙場。"宋代

宏智正覺禪師評道："師資合道，父子（指潙山靈祐和仰山慧寂）投機，潙仰家風千古龜鑒。"以上幾人皆欲闡釋靈祐、慧寂這一公案的真正含義，準確與否，那就只有天曉得了。但有一點可以肯定，他們的問答及動作都不是沒有意義的，皆是潙仰家風的具體表現。

65. 仰山心境

一次，思鄒問仰山慧寂："請問禪宗的頓悟方法如何入門？"仰山慧寂回答説："如果根性和智慧好，聽一則能悟千則；若根性和智慧差，如果不安禪靜慮，到這裡總要來臨的。"

思鄒又問："大師，除了你説的這一方法外，還有別的入門途徑嗎？"仰山慧寂回答説："有。"思鄒再問："如何才是？"仰山慧

(1) 戽斗：舊時汲水灌田的農具，形略似斗，兩邊有繩，兩人引繩，提斗汲水。

(2) 李靖：唐初大將，由李克恭、李靖、李勣三位大將，共敗東突厥，故稱"三兄弟"，實非兄弟。

寂反問道："你是何處人？"思鄴回答說："幽州人。"仰山慧寂又問："還思念那個地方嗎？"思鄴回答說："常常思念。"仰山慧寂說："能思念者是心，所思念的是境，那裡的山河、樓台與人畜，你反思的還有許多東西是嗎？"思鄴回答說："我到這裡後，總不見有。"仰山慧寂說："你的見解發自於心，了悟本體心性則忘我。"思鄴問："大師，除了這個，還有別的嗎？"仰山慧寂回答說："別有別無，就不能了。"

思鄴又問："大師，到此又該怎麼辦呢？"仰山慧寂說："根據你的見解，只得一玄，今後還應參禪習道，自證自悟。"思鄴於是禮拜而謝。

心與境，了悟本體心性，得心忘境，心外無我，心外無法；得境忘心，我法二執，迷妄障蔽。

仰山慧寂禪師

66.大師識字否

有一僧在參謁仰山慧寂時，開口便問："請問大師識字否？"仰山慧寂回答說："盡力而為。"那僧用手在空中畫了個圓圈，並作呈獻狀，仰山慧寂即用衣袖拂之。那僧又把同樣的動作做了一次，仰山慧寂於是用雙手作背拋勢。那僧以目視之，仰山慧寂便低下頭。那僧繞仰山慧寂一週，仰山慧寂舉起拄杖就打，那僧便出去了。

後來又有一僧來問："大師識字否？"仰山慧寂回答説："盡力而為。"其僧於是右旋一週，問："大師，這是什麼字？"仰山慧寂在地上劃了個"十"字作答。其僧又左旋一週，仰山慧寂於是改"十"字為"卍"(1)字。這僧用手在空中畫一個大圓圈，用雙手托之，如阿修羅手托日月之勢(2)，問："大師，這是什麼？"

這則公案中，仰山慧寂主要是運用圓相的機法。仰山慧寂説，後來那僧騰空而去，是西天羅漢來試我的禪道。

後來，宏智正覺禪師評道："此仰山壁立千仞，與德山（宣鑒）、臨濟（義玄）峻機不別。"又"……圓相相托呈勢，空印之字，雖十字改卍字，其實非世間文字可執。道忩對達摩：如某甲（即'我'）所見，不執文字，不離文字，而為道用。"

67. 出生之前是什麼

一次，溈山靈祐問香巖智閒："我聽説你在百丈懷海先師處，問一答十，問十答百，看來你很聰明，意解識想，生死根本。今天我來問問你，父母未生你時如何？試答一句我看看。"香巖智閒把平時看

---

(1) 卍：這是釋迦牟尼胸部的吉祥標誌，是三十二相之一。原為古代的一種符咒、護符或宗教標誌，被認為是太陽和火的象徵，在古印度、波斯、希臘等國均有。武則天長壽二年(693)制定此字讀"萬"字。

(2) 阿修羅手托日月之勢：阿修羅，意譯"非天"，為天龍八部之一，原為古印度神話中的惡神，佛教沿用，作為護法神，其雙手分別托太陽和月亮。

香巖智閒

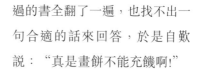

　　唐代香巖智閒（生卒年不詳），青州（今山東濰坊）人。年輕時便厭惡世俗，辭別父母，出家投佛。初參百丈懷海禪師，雖秉性聰敏，但參禪時總不能契悟。後到溈山靈祐禪師處參謁，是仰山慧寂的師弟。

過的書全翻了一遍，也找不出一句合適的話來回答，於是自歎說："真是畫餅不能充饑啊!"

　　後來，香巖智閒多次乞求溈山靈祐為他解答，溈山靈祐說："我如果現在為你解釋，你今後會罵我的。我說的只是我的見解，終究不關你的事，這又有何益呢?"香巖智閒聽了此話，一氣之下把平常所看的書全燒掉了，長歎一聲說："我今生不學佛法了，不如作個終日飽食而無用心的人。"於是哭着辭別溈山靈祐。

　　香巖智閒經過河南南陽時，見南陽慧忠國師的遺像，久久停留，左思右想，又折回了湖南溈山。

　　父母未生之前，即是自己的本來面目，也就是本體心性。香巖智閒雖聰明，只因太執着於文字經解，不能了悟。文字如"畫餅"豈能"充饑"（了悟），作個只知飽食終日的人倒是免傷心神，但煩惱障蔽又豈能破除。對於仰慕佛道的香巖智閒，又不甘做"飯袋子"，還是回去潛心習禪吧!

68. 擊竹開悟

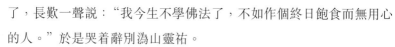

　　一天，香巖智閒在除草時，將地上的瓦片石子隨手往後一拋，偶

然打着身後的竹子發出聲音，忽然有所省悟，於是趕忙回去沐浴焚
香，遠望着溈山，施禮膜拜，讚歎地說：＂師父大慈大悲，恩重於父
母。當時如果為我解釋，哪有今天之事呢？＂接着作了一頌：

　　一擊忘所知，更不假修持；

　　動容揚古路，不墮悄然機。

　　處處無蹤跡，聲色外威儀；

　　諸方達道者，咸言上上機。

　　溈山靈祐聽說此事，對仰山慧寂說：＂智閒已經徹悟。＂仰山慧
寂說：＂這是心領神會，待我親自去勘驗禪機對答如何。＂

　　仰山慧寂見到香巖智閒，便問：＂師父稱讚師弟大徹大悟，你不
妨說給我聽聽。＂香巖智閒於是舉述前頌。仰山慧寂又說：＂這是你
多年看書學習的結果，如果有真正的徹悟，請再說說看。＂香巖智閒
於是口念一頌：

　　去年貧未是貧，今年貧始是貧；

　　去年貧，猶有卓錐之地，今年貧，錐也無。

仰山慧寂説："你今天會的只是如來禪[1]，至於祖師禪[2]，你連作夢也未見過。"香巖智閑於是又作一頌：

我有一機，瞬目視伊；

若人不會，別喚沙彌。

仰山慧寂即向潙山靈祐匯報説："我真高興，香巖智閑師弟會祖師禪了。"

香巖智閑偶擊竹，無聲有聲，心境合一，頓悟他過去執着於文字的迷妄，使他明白禪何處不有，又何處有蹤跡。大徹大悟的人都深諳禪的大法是不立文字，教外別傳，直指人心，見性成佛。

69. 香巖上樹

香巖智閑一天對弟子們説："如果討論達摩西來中國的意義這類的話題，就好比有一個人爬到樹上後，手腳都攀不着樹枝，只好懸空用嘴咬着樹枝。樹下忽然有一人問：什麼是祖師西來之意？這時他若不回答，顯得太無禮；假如回答，便會從

（1）如來禪：即通過內心自證而達到佛的智慧和境界的禪。達摩所傳為如來禪。

（2）祖師禪：即指六祖慧能開創的南宗頓悟禪，不立文字，教外別傳之禪。這派認為如來禪是教內未了之禪。

樹上掉下來摔死。你們説，正當這時該怎麼辦才是？"上座虎頭招站出來回答説："他在樹上時我便不問，未上樹時請師父説。"香巖智閒哈哈大笑。

　　無門慧開禪師評道：縱有口若懸河的辯才，總用不着；即使能講解一部大藏經，也用不着。如果參這公案的禪機，必須過去走不通的路能夠再走通，同時也須拋開從前自以為活的路。這樣做還不行的話，那只有將來去問彌勒佛了。又作了一頌道：

香巖真杜撰，惡毒無盡限；

啞卻衲僧口，通身迸鬼眼!

　　意思是：香巖智閒真會編造，弄得學人啞口無言，以顯示他渾身都是"鬼板眼"（即"鬼主意"）。

70. 一指足矣

　　唐代有一禪僧，因經常念誦俱胝佛母陀羅尼，故人稱"俱胝和尚"。一次，一位名叫實際的尼師（女禪師），頭戴斗笠手執錫杖繞俱胝和尚三週，然後説："你能説出個中奧秘，我即取下斗笠。"如此三問，俱胝和尚均不能答，於是尼師便走，俱胝和尚説："天色已晚，尼師何不在寺中住一宿。"尼師説："你能回答我，我便留下。"俱胝和尚仍無法回答。

　　尼師走後，俱胝和尚對此深感羞愧，自此下決心認真參禪。後來，他將此事告訴天龍和尚，天龍和尚豎起一指示之，俱胝和尚當下大悟。自此以後，凡有學人來參問時，他均豎起一指。俱胝和尚門下有個小和尚，在外也學俱胝和尚豎起一指，俱胝和尚知道後，不但不讚許他，反而用刀把他的手指切斷了。小和尚痛叫而出，俱胝和尚忙叫小和尚，小和尚回頭一看，俱胝和尚又豎起一指，小和尚豁然省悟。

俱胝和尚臨終時對眾人說："我得天龍和尚一指頭禪，一生用之不盡。"說後便圓寂了。

這則公案說明宇宙萬象，無不以真如（即真實）為體，一種現象的實體就是萬象的實體，所以俱胝的一指即代表宇宙的森羅萬象，所以無論學人參問什麼，都以一指示之，不涉文字，不落言銓。

71. 大隋劫火洞然

大隋法真原在溈山靈祐門下當火頭（即燒飯之僧）時，溈山靈祐見他數年不曾參問，便教他問："什麼是佛？"大隋法真即以手掩溈山靈祐的口，溈山靈祐稱讚他得其精髓。後來，大隋法真回到四川住持大隋古院。

一次，一僧問大隋法真：「劫火洞然，大千俱壞，不知這個壞不壞？」大隋法真回答說：「壞。」那僧又問：「怎麼才能隨他去？」大隋法真回答說：「隨他去。」

那僧又去問龍濟禪師：「劫火洞然，大千俱壞，不知這個壞不壞？」龍濟回答說：「不壞。」那僧又問：「為什麼不壞？」龍濟禪師說：「因為與大千同。」

「劫火」是佛教所謂「三災」（火、水、風）之一災，「劫」是漫長久遠的時間。「劫火洞然」意即劫火熊熊燃燒；「大千俱壞」意指大千世界俱遭劫難。「劫火洞然，大千俱壞」必然歸之於空無境界，而那僧所說的「這個」，即指人的本體心性。

後來那僧又到投子大同禪師那裡舉述此問，投子大同便焚香禮拜對那僧說：「川西有個古佛出世，你趕快回去參拜他吧。」那僧回到大隋古院時，大隋法真已經去世了。

宋代宏智正覺禪師對此公案頌道：

> 壞不壞，隨他去也大千界。
>
> 句裡了無鉤鎖機，腳頭多被葛藤礙。
>
> 會不會？分明底事丁寧哂。
>
> 知心拈出勿商量，輸我當行相買賣。

意思是說：壞不壞，兩位禪師已經分明地回答了，但學人都被葛籐（即言語）絆倒了。如此分明地頌出，如果是有德行的禪師，就如當行買賣，不求商量。

宋代雪竇重顯禪師的頌是這樣的：

> 劫火光中立問端，衲僧猶滯兩重關。
>
> 可憐一句隨他語，萬里區區猶往還。

宋代圓悟克勤禪師注釋道：前兩句是指，這僧問處，先持有壞與

香港大嶼山天壇大佛

不壞,即兩重關,如果是見性的人,說壞與不壞,均有出身處。後兩
句指這僧持此去投子大同禪師處,經他指點後又返回大隋古院,這便
是"萬里區區"。

72. 行思得法

一次，青原行思問六祖："我應當怎麼作，才能不落階級（差別意識）？"六祖反問道："你曾經作了什麼？"行思回答說："就連佛的教誨也不遵循。"六祖又問："那又何落階級呢？"行思回答說："佛的教誨都不遵循，哪有什麼階級之分！"六祖聽此言，對行思十分器重，將他列為眾門人之首。

一天，六祖對行思說："歷來禪宗傳袈裟和傳法同時進行，袈裟表示信物，法則是以心傳心。我自從接受五祖弘忍的袈裟以來，遭遇種種磨難，而且後來的競爭者也很多，袈裟就留鎮山門，你應當分化一方，不要讓禪法斷絕。"行思得法後，歸住江西吉州青原山靜居寺，弘揚禪法，開創青原一系。

> ### 青原行思
>
> 青原行思(？~740)，俗姓劉，幼年出家。每當眾僧在一起高談闊論佛法時，他總是沉默不語。後來，他到韶州參拜六祖慧能，得法後，歸住江西青原山靜居寺，弘揚禪法，開創青原一系。

73. 廬陵米價

一天，一僧來參問青原行思："什麼是佛法大意？"青原行思反問那僧："廬陵米是什麼價？"那僧無言以對。

什麼是佛法大意，同祖師西來意一樣，是禪門學人常參的話題。未開悟的人，想得到的回答，都是從理性知解角度出發的，但是，禪師們不是問東答西，便是當頭棒喝，或是故弄玄虛，搞得學人雲裡霧裡

石頭希遷

石頭希遷(700~790)，端州高要(今屬廣東)人，俗姓陳。初參六祖慧能，後參青原行思。開悟後，前往湖南衡山南寺，結庵於寺東石上，故當時又稱為"石頭和尚"。他的禪法要旨是"不論禪定精進，達佛之知見，即心即佛；心、佛、眾生，菩提煩惱，名異體一。"得到了南岳懷讓禪師等人的推重。

不知所措，其實這樣做，正是為了打破學人對語言文字、理性知解和意識分別的種種迷執。

74. 因夢得法

石頭希遷一日讀到後秦僧肇所著《肇論》[1]上說："會萬物為己者，其惟聖人乎！"於是拍案叫絕說："聖人忘我無己，並非沒有自己。佛法成身雖然沒有固定的形相，誰說來自其他？智慧和光明映照其間，使宇宙萬物虛幻不實而顯示出真實的面貌。境與智非一，何談去來？此言甚妙。"隨即合上書，不久入夢，夢見自己與六祖同騎在一大龜背上，游於深池之中。醒來細細揣摩：靈龜，即是智慧的化身；池，即是性海（如來法身之境）的象徵。他頓時了悟了本體自性，遂仿東漢道家魏伯陽《參同契》書名，作禪門之《參同契》，提出了"石頭禪"的著名主張"回互不回互"。"回互"，即指事物間

(1)《肇論》：此書為僧肇的論文集，編於南朝陳時。

相互涉入，無所區別；"不回互"，即指事物各有分位，各住自性。

75. 曹溪意旨誰人得

　　石頭希遷一次對弟子們說："我修禪入道的門徑，是前輩祖師傳授給我的。坐禪入定，是為了尋求達到佛的清靜之境，即心即佛，心、佛、眾生，覺悟與煩惱，這些都只是名稱不同而實為一體。你們應當知道，自己的心靈，本體離斷滅和常住，性並非污垢和清靜，精深圓滿，凡聖一如。應用無礙，拋開心理意識。三界六道這些障礙和煩惱都來自心靈。水中月，鏡中像，豈有生與滅？你們能夠弄清這些，便無所不備。"

這時，一位叫天皇道悟的弟子問道："請問六祖的禪法意旨誰人得到了？"石頭希遷回答："會佛法的人得到了。"天皇道悟又問："師父你得到了嗎？"石頭希遷回答說："沒有。"天皇道悟再問："為什麼沒有？"石頭希遷回答："因為我不會佛法。"

又有一弟子問："請問什麼是解脫？"石頭希遷反問："誰捆住了你？"這弟子又問："如何是淨土？"石頭希遷又反問："誰污垢了你？"這弟子再問："何為涅槃？"石頭希遷再反問："誰給了你生死？"

76. 蚊子叮鐵牛

藥山惟儼未開悟之前，在湖南衡山學律宗，嚴守清規戒律。一天，他自歎道："大丈夫應當離法自淨，誰能作瑣屑的細行於日常之中？"隨後前往石頭希遷禪師處參拜，並說："我對佛教經義都有一定的瞭解，但聽南方說有'直指人心，見性成佛'的禪教大法，還望師父為我指點迷津。"石頭希遷問道："如何不行，不如何也不行，如何

不如何都不行。你怎麼理解？"藥山惟儼惘然不知所措。石頭希遷
説："你的因緣不在這裡，到江西馬祖道一大師那裡去吧。"

　　藥山惟儼來到馬祖處，恭恭敬敬地把他與石頭希遷的對話告訴了
馬祖。馬祖問道："我有時教他揚眉瞬目，有時不教他揚眉瞬目，有
時揚眉瞬目者是，有時揚眉瞬目者不是。你對此有何體會？"藥山惟
儼於言下有所契悟，隨即禮拜致謝。馬祖又問："你禮拜致謝，想必
是已經悟出了什麼道理？"藥山惟儼："我在石頭希遷禪師處，如蚊
子叮鐵牛。"馬祖説："既如此，那就好好地愛護和保持吧。"

　　石頭希遷的禪機對答，抽離事象，肯定也不是，否定也不是，肯
定否定都不是，意思是非有也非無。藥山惟儼如蚊子叮鐵牛，錐不
進。馬祖的禪機對答，理與事合，肯定這事是，肯定這事不是，肯定
也是，否定也是，即有即無。藥山惟儼於此契悟。

77. 三條篾捆肚皮

　　藥山惟儼跟隨馬祖修習了三年。一天，馬祖問他："你近來參禪
悟道，有何體會？"藥山惟儼回答説："我近來體會到，似乎我身上
的皮膚已完全脱落，惟有本體自性才是真實的。"馬祖説："你之所
以有這樣的體會，可以説是因為你心體協同配合，而分佈於四肢。既
然如此，你將三條篾把肚皮捆起，隨便到什麼地方都可以住山了。"
藥山惟儼説："我豈敢説住山？"馬祖説："有什麼不可以的。沒有
只是修行不住山的，也沒有只是住山而不修行的。欲進步應於無所進
步，想有作為應於無所作為。應當作廣度眾生的航船，不必久留此
地。"

藥山惟儼於是辭別馬祖，回到了石頭希遷禪師處。

藥山惟儼所說的："皮膚脫落盡，惟有一真實"是這則公案的要點，意思是他通過對禪法的領悟，應當脫除虛幻不實的客觀外在的皮相，認識到自己的本體心性。馬祖叫他用三條篾把肚皮捆起，是叫他善自珍惜保持，不要讓已經獲得的禪理輕易失掉。至於叫他住山，弘揚佛法，這本是作為一個禪師的職責。一個人的進步正是當他感到無所進步時，新的進步便會來臨；一個人當他真正認識到無所作為時，便無為無不為，即有所作為。本來中國的禪學與老莊學說就有直接的關係，馬祖這麼說，顯然是受到了傳統思想的影響。禪學既受傳統思想的影響，又反過來促進傳統文化思想的發展。

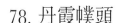

78. 丹霞幞頭

丹霞天然禪師未出家前上京趕考，一日在歸途中客宿，忽夢見滿屋白光，一位先知出現在他面前，對他說："這是你悟解諸法空相的祥兆。"又有一禪者問："仁者（儒學者的尊稱），你到哪裡去？"他回答說："準備去作官。"禪者說："作官哪裡比得上作佛？"他便問："如果作佛應當去何處？"禪者回答說："江西馬祖道一大師弘揚佛法，仁者可往。"

他便去參拜馬祖，剛一見面，他便用手作托幞頭（即官帽）勢，馬祖久久地注視他，然後說："石頭希遷禪師是你的師父。"

他立即又前去參拜石頭希遷，依然用手作托幞頭勢，石頭希遷說："你到廚房去助炊吧。"於是，他在廚房幹了整整三年。

　　一天，石頭希遷召集眾門人，當眾替他剃髮説戒，事畢，他用雙手掩耳而出。

　　接着，他再去參見馬祖，還未施禮，便直接走進僧堂，騎在僧堂中央所供的聖僧像頸上，馬祖看到後，便説："我子天然。"他即刻從聖僧像上下來，禮拜説："感謝大師為我賜法號。"從此，他便得名丹霞天然。

　　馬祖問丹霞天然："你從什麼地方來？"丹霞天然回答説："我從石頭希遷禪師處來。"馬祖又問："石頭路滑，你跌倒了沒有？"丹霞天然回答説："如果我跌倒了，就不會來大師處了。"

79. 燒佛取暖

一天，丹霞天然去慧林寺，正值下大雪，他一進大院，便取木佛燒了烤火，院主見了驚駭不已，連說："罪過！罪過！"丹霞天然說："我燒木佛為的是取舍利[1]。"

院主說："木佛哪有舍利？"
丹霞天然說："既然沒有舍利，那就再取兩尊來燒。"

禪是直指人心，見性成佛，何須恪守經典，何須崇拜偶像。後來，禪宗發展到呵佛罵祖，丹霞燒佛便不足為奇了。

80. 晝夜一百八

韓愈是一位尊儒排佛的人，因上書皇帝諫迎佛骨，被貶到廣東潮州任刺史。一天，他前往靈山參訪大顛寶通禪師，見面便問："大師，請問春秋多少？"大顛寶通提起數珠問他："懂嗎？"韓愈回答說："不懂。"大顛寶通說："晝夜一百八[2]。"韓愈仍不懂，只好回去了。

(1) 舍利：梵文 Sarira，又稱舍利子，意為"佛骨"。傳說釋迦牟尼逝世後，弟子阿難等用香木焚屍，火化後的骨形如五色珠，光瑩堅固，弟子們把舍利子(佛骨)收藏於瓶，建塔葬之，以示瞻仰。
(2) 一百八：佛教認為人生有 108 種煩惱，為了去掉這些煩惱，因此念珠為 108 顆，念佛 108 遍，敲鐘 108 下等。

第二天，韓愈又來參訪，剛走到山門便見得大顛寶通門下的首座，韓愈隨即把昨天的對答告訴首座，並請他代為解答，首座的回答只是叩齒三下。韓愈進堂見到大顛寶通，依然照前問，大顛寶通也叩齒三下，韓愈說："剛才我問首座，他的回答也是叩齒三下，原來你們的佛法沒什麼兩樣。"大顛寶通立即叫首座進來問："你是不是也是如此對答的？"首座回答："是的。"大顛寶通舉杖打首座出院。

韓愈對大顛寶通說："我的公務繁忙，請大師為我簡要地講一講佛法大意。"大顛寶通沉默了許久，未說一句。正在韓愈感到不知所措之時，大顛寶通的侍者三平義忠立即敲禪床三下，大顛寶通問："幹什麼？"三平義忠說："先以定動，後以智撥。"韓愈於是說："大師門風高峻，我從侍者這邊找到了入門的路。"

一串念珠數不盡，你說春秋多少，晝夜數珠念佛一百八。春去秋來，秋去春來，來來去去，去去來來，無去也無來。除去煩惱一百八。

叩齒三下，佛法無兩樣。禪是啟發人的創造力，只有通過自證了悟的才是自家寶藏。

禪法要旨，說了也無說，無說即是說。侍者敲床三下，以示佛、法、僧，韓愈方悟從此入門。

81. 拄杖趕人喚回頭

雲巖曇晟前來參拜藥山惟儼，藥山惟儼問他："你從什麼地方來？"雲巖曇晟回答說："我從百丈懷海禪師處來。"藥山惟儼又問：

"百丈懷海禪師用什麼話開導學人？"雲巖曇晟回答説："百丈懷海禪師平常説：'我有一句，百味具足。'"藥山惟儼再問："鹹就是鹹，淡就是淡，不鹹不淡就是平常味。怎麼理解百味具足這句話呢？"雲巖曇晟無言以對。藥山惟儼又

雲巖曇晟

雲巖曇晟(794~841)，俗姓王，少年時便出家，曾在百丈懷海禪師處學禪20年，仍未開悟，後參藥山惟儼，終於開悟，成其法嗣。

問："你如何面對目前的生死？"雲巖曇晟回答説："目前無生死。"藥山惟儼又問："你在百丈懷海禪師那裡呆了多長時間？"雲巖曇晟回答説："足足有二十年。"藥山惟儼説："二十年在百丈懷海禪師處，凡俗之氣仍然沒有除掉。"

過了幾天，藥山惟儼問雲巖曇晟："百丈懷海禪師説什麼法？"雲巖曇晟回答説："三句外省去，六句內會取。"藥山惟儼説："三千里外，真是兩者相背而不相應。"接着又問："百丈懷海禪師還説什麼法？"雲巖曇晟回答説："百丈懷海禪師有時用拄杖趕散眾門人，然後又召喚眾門人，眾門人回頭，百丈懷海禪師便問：'是什麼？'"藥山

唐代天王石像

160

惟儼説："你為什麼早不如此説，今天因為你，我才得見百丈懷海禪師。"雲巖曇晟頓然省悟。

雲巖曇晟20年隨百丈懷海學禪，只因太執着，終未契悟。經藥山惟儼點化，方悟平常心是道。百丈懷海一聲喚，眾回頭，"是什麼？"是禪，是本體心性，是本來面目，是自家寶藏。

82. 撥草瞻風

洞山良價幼年時從師念《般若心經》，當讀到"無眼耳鼻舌身意"時，忽然用手捫住臉，問老師："老師，我有眼耳鼻舌等，為什麼經上説沒有？"老師驚訝地回答説："我不是你的老師。"並叫他去五洩山投默禪師出家。他初參南泉普願，次參溈山靈祐，後參雲巖曇晟，受其心印，成其法嗣，與弟子曹山本寂共同創立了"曹洞宗"。

洞山良價去參訪南泉普願時，正碰上南泉普願齋祭已故的馬祖道一禪師。南泉普願對眾僧説"明天我們齋祭馬祖大師，不知大師還來不來？"大

> ### 洞山良價
>
> 良價(807~869)，俗姓俞，會稽諸暨（今屬浙江）人，幼年出家，初參南泉普願得悟禪理，後參雲巖曇晟，受心印。開悟後住在洪州洞山(今江西南昌市境內)，與弟子曹山本寂共同創立"曹洞宗"，提出了著名的"五位君臣説"（即正中偏、偏中正、正中來、兼中至、兼中到)，此外，又提出了五種精神修養的境界（向、奉、功、共功、功功)。曹洞宗影響之大，僅次於臨濟宗。

北周千佛石碑（局部）

家無法回答這個問題，洞山良價站出來說"馬祖大師等到有同伴時就會來的。"南泉普願讚歎道："你雖然是後生，但大可造就。"

後來，洞山良價又去參溈山靈祐，剛見面，他就問："我聽說南陽慧忠國師曾說過'無情說法'，弟子始終沒有參究此話的微妙之處，特來求教於師父。"溈山靈祐說："你不妨重說一遍。"洞山良價於是說："有一僧問南陽慧忠國師：'什麼是古代祖師的心？'南陽慧忠國師回答說：'牆壁瓦石就是。'其僧又問：'牆壁瓦石豈不是無情之物？既是無情之物，又怎能說法呢？'國師回答說：'常說熾熱，說無間歇。'那僧問：'我為什麼沒有聽到？'國師回答說：'你自己不聽，不可妨礙其他的聽者。'其僧又問：'不知什麼人才能聽？'國師回答說：'歷代祖師能聽。'其僧又問：'大師能聽嗎？'國師回答說：'我不能聽。'其僧又問：'大師既然不能聽，怎麼知道無情說法呢？'國師回答說：'怎怪我不聽，我如果能聽，那不是與歷代祖師一樣了麼，你就不可能聽到我的說法了。'其僧說：'這樣一來，不就是眾生無分別了。'國師說：'我只為眾生說法，不為歷代祖師說。'其僧又問：'眾生聽後怎麼樣？'國師回答說：'就不是眾生了。'其僧又問：'無情說法，根據什麼經典？'國師回答說：'你豈不見《華嚴經》說：剎說、眾生說、三世一切說。'"

聽完洞山良價的舉述，溈山靈祐說："我這裡也有，只是很難遇到了悟的人。"於是舉起拂子，問："懂麼？"洞山良價回答說："弟子不懂，請師父說明。"溈山靈祐說："父母所生的，終不肯為你說。"洞山良價："還有與師父同時悟道的人嗎？"溈山靈祐回答說："你去尋雲巖曇晟，如能撥草瞻風[1]，必為你所悟道之處。"洞山良價又問："不知這位師父如何？"溈山靈祐回答說："他曾問我：'學人打算信奉老師的意旨去住山時如何？'我說：'必須斷絕煩惱才行。'他說'還應不違背老師的意旨才行。'我說：'第一不要說老僧在這裡。'"洞山良價於是去參謁雲巖曇晟。

"馬祖還來不來？"意思是指他的禪法還能不能承下去，洞山良價

回答："等到有伴時就會來的"，意思是學人只要真正了悟了馬祖的大機大用，他的禪法要旨就一定會慧燈不滅，代代相傳。

洞山良價與潙山靈祐就南陽慧忠"無情說法"公案的對答，使他明白了有情的眾生要斷滅煩惱障蔽，必須撥開無明荒草，去瞻望歷代禪師們的風範。

83. 處處得逢渠

洞山良價到了雲巖曇晟處，舉述了他與潙山靈祐的禪機對答，然後問："師父，無情說法，什麼人可以聽到？"雲巖曇晟回答說："我如果聽到了，那你就聽不到我說法。"洞山良價再問："我為什麼聽不到？"雲巖曇晟於是豎起拂子反問："聽到了嗎？"洞山良價回答說沒有聽到。雲巖曇晟說："既然我說法你聽不到，更何況無情說法。"洞山良價問："無情說法出自什麼經典？"雲巖曇晟回答說："豈不見《阿彌陀經》說：水鳥樹林，悉皆念佛念法。"洞山良價有所省悟，於是口述一偈：

也大奇，也大奇，無情說法不思議；

若將耳聽終難會，眼處

洞山良價禪師

聞時方得知。

　　他接着又問："弟子有餘習尚未除盡。"雲巖曇晟道："你曾經做過什麼？"洞山良價説："佛的真諦也不遵從。"雲巖曇晟又問："還高興嗎？"洞山良價回答："高興，如同在掃糞堆裡撿到一顆明珠。"接着問雲巖曇晟："今後我想見你時如何？"雲巖曇晟回答説："那就問通事舍人。"洞山良價説："我會的。"又説："向你説什麼？"

　　他向雲巖曇晟辭別，雲巖曇晟問："你打算到什麼地方去？"洞山良價回答："還不知去向何方。"雲巖曇晟説："你早晚會回來的。"洞山良價又問雲巖曇晟："師父去世後，忽然有人問我，還能形容出師父的樣子麼？我將如何回答？"雲巖曇晟沉默了許久，回答説"只是這個。"然後對沉吟中的洞山良價説："你今後承當起弘揚禪法的大事，應當審慎。"

　　洞山良價懷着尚未完全了悟的心境辭別了雲巖曇晟，但師父説的"只是這個"一直縈迴腦際。一天，他在一條水渠中看到自己的倒影，於是徹悟"只是這個"的禪意，當即作了一偈：

> 切忌從他覓，迢迢與我疏；
>
> 我今獨自往，處處得逢渠。
>
> 渠今正是我，我今不是渠；
>
> 應須恁麼會，方得契如如。

　　後來雲巖曇晟去世後洞山良價參拜雲巖曇晟的像，一僧問："先師説'只是這個'，這像莫非就是？"洞山良價回答説："正是。"其僧又問："意旨如何？"洞山良價回答説："當時我差點錯誤地領會先師的意旨。"其僧再問："不知先師還知有無？"洞山良價回答説："如果不知道有，怎麼理解他這麼説呢？如果知道有，怎麼又肯這麼説呢？"

大乘佛教的"真如緣起"論,認為牆壁石等"無情"[1]也有佛性,因為在他們看來,萬物由"一心"或"本覺"隨緣所生,故萬物都體現了"真如",具有佛性,這種"無情説法"只可"眼處聞",不可"耳處聽"。洞山良價通過渠中倒影而徹悟了本體心性不能向外尋求,只有了悟本心才能"處處逢渠",本體心性與禪教大法融為一體,也悟得真如佛性。

84. 不行鳥道

一天,一僧問洞山良價:"師父平時教導學人行鳥道,不知什麼是鳥道?"洞山良價回答説:"不遇一人。"那僧又問:"如何行?"洞山良價説:"必須足下無私才能行。"那僧又問:"師父所説的行鳥道,是不是本來面目?"洞山良價反問:"你為什麼顛倒?"那僧不解地問:"什麼地方是學人顛倒?"洞山良價又反問:"如果不是顛倒,為什麼認奴作郎?"那僧又問:"請問師父,那什麼又是本來面目呢?"洞山良價回答説:"不行鳥道。"

所謂"鳥道",即

---

(1)無情:即無生命無情識的物體。

指鳥飛行於空中之道，也即虛空。洞山良價所說的"鳥道"，是譬喻道的艱難，有如"行鳥道"，這是他接引學人的方法之一。"一人不遇"，意謂人跡所不能到之處，只有"足下無私"，才能運行無礙。"本來面目"是對自己的本體心性的了悟，而不只是"行鳥道"，只有認清了自己本來面目的人才能涉玄路行鳥道，否則就是"認奴作郎"（即主僕顛倒）。本來面目只能是自己作主，不可外求，所以洞山良價說"不行鳥道"，但這只是相對而言，就絕對來說終須"行鳥道"。

宋代丹霞子淳對此公案頌道：

古路翛然倚太虛[(1)]，行玄[(2)]猶是涉崎嶇；

不登鳥道雖為妙，點檢[(3)]將來已觸途。

意思是：自古參禪悟道的路，猶如靠着太空一樣，自由自在；又好比跋涉崎嶇不平的路，十分艱險。"不行鳥道"雖然很好，但檢點將來的言行卻又是"行鳥道"。

85. 麻三斤

有一僧問洞山良價："什麼是佛？"洞山良價回答說："麻三斤！"

宋代無門慧開禪師對此公案頌道：

突出麻三斤，言親意更親。

來說是非者，便是是非人。

頌的意思是說：對於什麼是佛這個問題，洞山良價以"麻三斤"回

（1）太虛：即太空，極高的天空。

（2）玄：深奧，或不可捉摸。此處指禪的深奧玄妙的道理。

（3）點檢：即檢點，意為約束自己的言語行為。

答，這不僅言語親切，意思也很親切；對於"什麼是佛"這樣的問題，不存在是非可言，來說是非的，便是一個搬弄是非的人。

宋代圓悟克勤禪師評道：這個公案，多少人錯加附會，真是無從下口，何況淡而無味。有人將洞山良價的話理解為當時洞山良價在庫房稱麻，於是有此回答；有的又說這是洞山良價在問東答西；有的說，這就是佛，你去問佛好了，只這麻三斤是佛。這些都沒有交代清楚。言語只是表達道理的工具，不瞭解古人的意思何在，只是在句中尋求，又有什麼根據呢？不見古人說，道本無言，因言顯道，見道即忘言。這"麻三斤"，就像一條長安大道，舉足下足，沒有不是。五祖弘忍禪師有頌說：

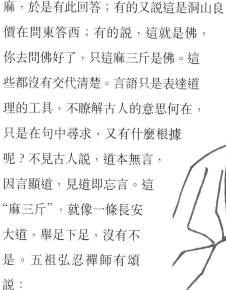

圓悟克勤禪師

　賤賣擔板漢，貼稱麻三斤；
　千百年滯貨，無處着渾身。

只要破除世俗的情解意識，以及斷絕計較得失是非，自然就會明白的。

86. 不名本寂

曹山本寂最初參謁洞山良價的時候，洞山良價問他："你叫什麼

曹山本寂

本寂（840~901），俗姓黃，泉州莆田（今福建莆田）人。少習儒學，19歲出家，後從洞山良價學禪，得心印，與師父洞山良價共創曹洞宗。住臨川曹山（今江西宜黃），世稱曹山本寂。

名字？"曹山本寂回答説："我叫本寂。"洞山良價又問："那個呢？"曹山本寂回答説："不名本寂。"因此受到洞山良價的器重，成為入室弟子。

一天，曹山本寂向洞山良價辭行，洞山良價便密授其禪旨，然後問道："你準備到什麼地方去？"曹山本寂回答説："到不變異的地方去。"洞山良價又問："不變異的地方，豈有去處？"曹山本寂回答説："去了也不變異。"隨即前往廣東曹溪憑弔六祖靈塔。

"名本寂"又"不名本寂"，意謂"空"即"不空"，"無"即"不無"。洞山良價所謂"那個呢"即指本體心性。"本寂"是人的假名符號，本體心性的本來面目才是真實的，故又"不名本寂"。

曹山本寂禪師

87. 船子和尚

船子德誠是藥山惟儼的弟子，開悟後，靠搖小舟接送四方往來者，隨緣度日，因此，時稱"船子和尚"。

夾山善會來參訪船子德誠，船子德誠問他："請問你住什麼寺？"夾山善會回答說："寺即不住，住即不似。"船子德誠又問："不似，似個什麼？"夾山善會回答說："不是目前法。"船子德

誠再問："你從什麼地方學來的？"夾山善會回答說："並非眼見耳聞所能學到。"船子德誠說："一句到處可用的話，就如永久立在路旁拴驢馬的路樁。"接著又問："垂絲千尺，意在深潭，離鉤三寸，你為何不說。"夾山善會正準備答話，卻被船子德誠一橈子打落水中。夾山善會從水中爬上船，船子德誠又說："說！說呀！"夾山善會又準備答話，船子德誠舉橈又打。

夾山善會豁然大悟，於是點頭三下。船子德誠說："釣竿上的絲線隨你使用，不觸及清波其意自有不同。"夾山善會立即問："拋線擲鉤，師父的意思如何？"船子德誠回答說："鉤線懸於清水，浮定有無之意。"夾山善會說："語帶玄虛而無路，舌頭談而不談。"船子德誠說："釣盡江波，金鱗始遇。"夾山善會於是用雙手掩耳，船子德誠說："是的，是的！"隨即叮囑夾山善會："你以後直須藏身處沒蹤跡，沒蹤跡處莫藏身。我三十年前在藥山惟儼禪師處學禪，只是明瞭此事。你今天既得我的傳授，日後不要住城隍村落，應往深山荒野，尋找一個半個接續，切不可斷絕禪教大法。"

夾山善會於是辭行，並不住回頭張望。船子德誠立即大聲呼喚：
"闍梨⁽¹⁾！"然後豎起橈子説："你將説別有。"隨即翻船入水而死。

禪門譬喻心被束縛，叫做"繫驢橛"，因此船子德誠兩度將夾山
善會打落水，為的是使他破除迷妄。三點頭，釣竿頭線隨他弄，釣盡
江波，金鱗（鯉魚）始遇，喻兩者契合，悟得佛法。船子德誠三十年
在藥山，悟得藏身處沒蹤跡，沒蹤跡處莫藏身，真是無來無去，無去
無來，任運騰騰。夾山善會得其傳授，船子德誠了卻平生夙願，入水
而死。

88. 用何種心來吃餅

德山宣鑒聽説湖南澧州的禪風盛行，於是挑着他作的《金剛經註
疏》（即《青龍疏鈔》），從四川前去參訪。到達澧州後，一天，他路
遇一個賣餅的老太婆，饑腸轆轆的德山宣鑒於是上前買餅充饑。

老太婆指着德山宣鑒
挑的擔問道："師父，你
這挑擔中裝的是什麼？"
德山宣鑒回答説："裝的
是我寫的《金剛經註
疏》。"老太婆説："既然
你精通《金剛經》，那我問
你個問題，答對了，我送

德山宣鑒

宣鑒（780~865），四川人，俗姓周，
童年出家，因對佛教經典很有研究，又常講
《金剛經》，故時稱"周金剛"。因參謁龍潭
崇信禪師而契悟，成其法嗣，後住持鼎州德
山（今湖南常德），故稱"德山宣鑒"。

（1）闍梨：意為"正行"，佛教稱為"導師"。

餅給你吃，若沒答對，請你到別處去買。"然後她問："《金剛經》上説：'過去心不可得，現在心不可得，未來心不可得。'不知師父今天用何種心來吃餅？"德山宣鑒聽後無言以對，於是老太婆挑餅便走。德山宣鑒急忙上前追

問："請問附近可有大德宗師（即德行學問很高的禪師）？"老太婆答道："此去五里外有位龍潭崇信禪師，你可去向他求教。"

德山宣鑒雖熟讀《金剛經》，但他的心卻因一心想着"買餅充饑"，被過去心、現在心、未來心所左右，而看不清心的本來面目，因此才被問得瞠目結舌。

89. 德山焚稿

一天，龍潭崇信禪師對弟子説："你們當中有一個人，牙如劍樹，口似血盆，一棒打他不回頭。今後他將在孤峰頂上，弘揚禪教大法。"德山宣鑒聽罷，立即將自己花費多年心血寫成的《金剛經註疏》堆放在法堂前，説："苦思冥想去窮究玄奧的理論，如同毫髮懸於虛

空。世上事物的關鍵卻像一滴水落入巨大的水坑。"隨即將著作燒為灰燼，然後施禮拜謝，直奔湖南潙山靈祐禪師處參謁。

德山宣鑒未開悟前，執着於理性思維，言語文字，後經龍潭崇信的點化，深知玄奧的理論，如同毫髮懸於虛空，上不觸天下不着地，於己何用？真正對禪的了悟，必須直截本源心性，如滴水入巨坑，融會而打成一片。因此，他將自己所作的書稿付之一炬。

90. 德山落頭

一天，龍牙居遁來參謁德山宣鑒，一見面就問："大師，學人持莫邪劍(1)準備來取大師的人頭時怎樣？"德山宣鑒立即走近龍牙居遁面前，把頸子伸得長長的，大呼："団地一聲(2)。"龍牙居遁說："大師的頭已落地。"德山宣鑒哈哈大笑。

(1) 莫邪劍：中國古代傳說中的一種寶劍，相傳戰國時，楚王命干將鑄造寶劍，三年而成雌雄二劍。雄劍為干將，雌劍為莫邪。干將自知楚王必將怒其造劍遲緩而殺他，因而只獻雄劍，把雌劍留給兒子赤鼻為他報仇。事見《搜神記》和《列異傳》。
(2) 団地一聲：団，音和，即拉船縴時的呼號聲。団，同咄，団地一聲，是禪門參禪時，喻指頓悟見性之狀。

後來，龍牙居遁到洞山良價處參拜，把他與德山宣鑒的禪機對答
說了一遍。洞山良價問："德山宣鑒禪師說了什麼？"龍牙居遁回答
說："沒有說什麼。"洞山良價說："不要說他沒說什麼，你只須把
他落地的頭拿給老衲看看。"龍牙居遁有所省悟，自知有過，於是禮
拜謝師。

有人把龍牙居遁與洞山良價的對答告訴了德山宣鑒，德山宣鑒
說："洞山良價老兒不識好歹，這小子死了多時，解救有什麼用處？"

這"团地一聲"，是要學人頓悟本體心性，達到超越絕對的自由
境界。元代普度在《蓮宗寶鑒》卷十中說："宗門多言此字。蓋尋師
訪道之人，參究二三十年，忽然心花發現，會得此事，不覺团地一
聲，如失物得見，慶快平生。"

91. 德山三十棒

德山宣鑒一天對眾門人説："諸位，今天如果有人能説也捱我三十棒，不能説也捱我三十棒。"

臨濟義玄聽説後，便讓弟子洛浦元安去問他："你去問德山宣鑒禪師，能説出禪機者為什麼也要捱三十棒？等到他打你時，你便接住棒送一送（即擋胸一拄），看他怎麼樣？"洛浦元安去到德山宣鑒處，遵照師父的指示去做，德山宣鑒便收棒回方丈室去了。

洛浦元安回來後，將此事告訴了師父。臨濟義玄説："我從來懷疑這漢子，儘管這樣，你還瞭解德山宣鑒禪師嗎？"洛浦元安正在猶豫，臨濟義玄舉棒便打。

後來，德山宣鑒的弟子巖頭全豁對此公案評道："德山老人平時只有一條白棒（即空棒，表白之意），佛來也打，祖來也打，不管什麼都適合。"東禪齊禪師也評道："只就臨濟所説，我從來就懷疑這漢子。此話是肯定還是否定，或者還有其他的道理？參禪的人，不妨判斷一下。"

"德山三十棒"歷來被禪門所稱頌，其源自黃檗希運禪師"三十棒"。臨濟義玄叫洛浦接棒送一送，也是在黃檗希運處悟得而使用的，體現了臨濟家風。

92. 德山呵祖罵佛

一天，德山宣鑒對眾弟子説："我與先輩祖師的見解不一樣，我

隋代鎏金佛像

這裡無祖無佛，達摩祖師是一個老臊胡，釋迦牟尼佛是乾屎橛，文殊和普賢菩薩是擔糞漢，等覺和妙覺是破除迷執的凡夫，菩提涅槃是拴驢馬的木椿，十二分教是鬼神簿、擦膿瘡的紙，四果三賢、初心十地是守古墳的鬼，統統不能解救自己。"眾人聽了驚得發呆。

德山宣鑒這段話是典型的呵祖罵佛，在他心目中無祖無佛，惟存本體心性的真實。菩提，是對佛教真理的覺悟，是通往涅槃[1]之路，是佛教徒的終極關懷；十二分教，即指十二部經，是佛教經典的分類；四果，是小乘佛教聲聞乘的聖果；三賢，是大乘十住、十行、十回向的修行方法；初心，即初發之心亦即未經深入修行之心；十地，這是大乘菩薩修行的十地，必須修十勝行，斷十種障礙，證十種真如。德山宣鑒認為所有的佛、祖、經典、修行果位、法門等均不能解

(1) 涅槃：不生不死的最高境界。

救自己，那什麼才能解救自己呢？只有“無祖無佛”，直悟本體心性，才能任運無礙，達到超越一切的絕對自由，即真如的境界。

93. 心中有塊石頭

清涼文益早年南遊參訪時，一次與紹修、法進結伴同行，路過漳州地藏院，正遇下雪，便在地藏院住了下來。三人正在烤火時，住持羅漢桂琛前來問道：“你們此行打算到什麼地方

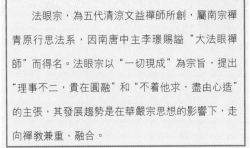
法眼宗

法眼宗，為五代清涼文益禪師所創，屬南宗禪青原行思法系，因南唐中主李璟賜諡“大法眼禪師”而得名。法眼宗以“一切現成”為宗旨，提出“理事不二，貴在圓融”和“不着他求，盡由心造”的主張，其發展趨勢是在華嚴宗思想的影響下，走向禪教兼重、融合。

去？”清涼文益回答說：“雲遊四方遍參禪師大德。”羅漢桂琛又問：“什麼是行腳事？”清涼文益回答說：“不知道。”羅漢桂琛說：“不知道便是最接近的了。”隨即又與他們談論《肇論》，當說到“天地與我同根”時，羅漢桂琛問清涼文益：“山河大地和你自己，是同是別。”清涼文益回答說：“是別。”羅漢桂琛便豎起兩根手指，清涼文益又回答說：“是同。”羅漢桂琛又豎起兩根手指，便起身離開了。

雪停了，三人去辭行，羅漢桂琛問清涼文益道：“聽說你平時愛說：“三界唯心，萬法唯識。”隨即又指着庭下的一塊石頭問：“你說這塊石頭是在你心中，還是在你心外？”清涼文益回答說：“在我

心中。"羅漢桂琛又問："一個行腳的人，為什麼要放一塊石頭在心中？"清涼文益無語以對，於是決心跟羅漢桂琛學禪。

開始的一個多月，清涼文益每天都要向羅漢桂琛表明自己的觀點，解釋義理，羅漢桂琛對清涼文益説："禪教大法不是這樣。一切都是現成的，無所不在。"清涼文益當即於言下大悟，從此不再談義理，於平常心中去體悟本心。

一個人不能了悟本心，儘管談論再多，經文看得再多，終會"詞窮理絶"。因為只知其"用"，不知其"體"，也就是説只知相對的萬有事相，而不知絶對的真如本體。前者是"賓"，後者是"主"，不可顛倒。只有"體"、"用"統一，才能達到最高的境界。

清涼文益住持南京清涼院後，各地前來學禪的人很多，而他在引導學人時，主要採取四種禪法：一、箭鋒相拄；二、泯絶有無；三、就身拈出；四、隨流得妙。以下就這四種禪法，各舉一公案加以説明。

一

一天，清涼文益問修山主："毫厘有差，天地懸隔。老兄如何理解？"修山主回答説："毫厘有差，天地懸隔。"清涼文益："你這

説禪

樣領會，又怎麼能悟得？"修山主反問道："大師又如何參悟呢？"清涼文益回答説："毫厘有差，天地懸隔。"修山主便禮拜。

為什麼修山主的回答，清涼文益不認可，他自己也回答："毫厘有差，天地懸隔"，修山主卻禮拜認可呢？同一答，結果不同，這便是"箭鋒相拄"，一來一往如箭鋒相對。因為兩者對本體心性的了悟存在差異，修山主執着於情識知解，清涼文益了然於心，故而"毫厘有差，天地懸隔。"

二

一天，清涼文益與悟空禪師圍着火爐烤火，清涼文益拿起香匙問："不得叫做香匙，老兄你把它叫做什麼？"悟空禪師回答説："我依然叫它做香匙。"清涼文益不認可，悟空禪師過了二十多天後，才明白清涼文益那句話的真意。

這真意便是相對與絕對。"香匙"是這一物的假名，叫做"香匙"是假有，不叫做"香匙"是無，意在不執着於一物，相對總處在絕對之中，相對只是絕對的派生。這就是清涼文益"泯絕有無"的禪法。

三

一僧問清涼文益："聲與色這兩個字，什麼人能參透？"清涼文益卻對眾門人説："大家説説，這僧參透沒有？如果你們領會這僧的問處，參透聲色是不困難的。"

"聲"、"色"是六境（或稱六塵）中的兩境，指耳和眼所感覺認識的兩種境界，這是人人都能參透的，故答在問處，也就是清涼文益的"就身拈出"法。

四

一僧問清涼文益："六處不知音，怎麼樣？"清涼文益回答說："你家的眷屬一大群。"接着又說："怎麼領會，不要說這麼來問，便是沒有悟得。你說六處不知音，是眼處不知音，還是耳處不知音？如果根本是有的，又怎麼能瞭解無得的意義？古人說：'離聲色，執着聲色；離名字，執着名字。'因此執着於形相修禪的人，到達了無想天(1)，雖經歷了八萬大劫那麼長久的時間，但有一天掉下來，世界萬有事相儼然存在，這便是因為不知道絕對本體的真實，只會一個挨着一個地修行，三生(2)六十劫，四生(3)一百劫，這樣一直修到三祇(4)功德圓滿。如古人所說：'不如一念之間了悟無生法忍，超越三乘，權學(5)等見解。'又說：'彈指一揮間，

清涼文益（又稱"法眼文益"）禪師

---

(1) 無想天：即第四禪天之廣果天，無想有情者的居處。《俱舍論》卷五說："無想有情居在何處？居在廣果，廣果天中有高勝處，如中間靜慮，名無想天。"

(2) 三生：即三世（過去、現在、未來）轉生。也可說是前生、今生、後生。

(3) 四生：即 1.胎生，如人類在母胎成體而後出生；2.卵生，如鳥在卵殼中成體而後出生；3.濕生，如蟲依濕而受形；4.化生，無所依託，依業力而忽起。

(4) 三祇：即"三阿僧祇劫"之略語，與下面所說的"三祇劫"同，意為"無數長時"。此指菩薩成佛的年時，也就是無數劫（漫長久遠的時間）。

(5) 權學：權即"方便"相對"實"而言，即暫用之而終廢之，如一般所說的"權宜之計"。權學，即暫時的接物利生方法。

圓滿成就八萬法門，一刹那間滅除三祇劫。'應須好好體會參究，如果照此去做便不會費很大氣力！"

對於世界的萬有事相，不應執着於有無，必須了悟本體心性，才能隨着事物的變化遷流而得其本體的真實。這便是清涼文益"隨流得妙"的禪法。

94. 雲門三句

雲門文偃一天對眾門人說："涵蓋乾坤，目機銖兩，不涉世緣。你們怎麼承當？"眾門人無言以對，雲門文偃便自己代眾門人回答說："一鏃破三關。"

雲門文偃

文偃(864~949)，俗姓張，姑蘇嘉興（今屬浙江）人。出家後遊學各地，初參睦州道蹤，後參雪峰義存，得印可。住韶州雲門山（今廣東乳源縣北），故稱"雲門文偃"，其禪風自成一系，世稱"雲門宗"。

後來，雲門文偃的法嗣德山緣密（亦作圓明）對弟子們說："我有三句話告訴你們，第一句是涵蓋乾坤，第二句是截斷眾流，第三句是隨波逐浪。這三句話怎麼領會？你們如果能領悟，便有參學的份，如果不能，則有如長安路上的輥子一樣轉動不停。"

雲門文偃雖未明確地說明"三句"，但已包括了"三句"的意思，故他以一箭射破三關來點撥，後來由他的弟子德山緣密直接歸納了出

帶背光佛立像（北魏晚期至東魏）

來。為什麼要提出"三句"這樣的接引方法，按雲門文偃的說法是："禪教大法本不可言說，但不得已我向你們說，不這樣恐埋沒你們。如果進一步尋言逐句，便會落入知解。萬有事相千差萬別，你們什麼都問，我什麼都答的話，則會變成油腔滑調，必然偏離禪教大法越來越遠，佛法如果是在言語上，三乘、十二部經豈是無言語？那又為什麼說'教外別傳'呢？如果從學參禪悟道，只知十地諸佛，說法多如雲雨，猶被呵責，見性就好比隔着一層有皺紋的紗似的。以此便知道一切有心，天地懸殊。雖然如此，如果悟道的人，道火不能燒口，即使成天說事，未嘗掛在嘴巴上，未嘗執着於一字。成天穿衣吃飯，未嘗觸到一粒米，掛一縷絲。儘管這樣，好比是門庭之說，必須實實在在地這樣做才行。如果約衲僧於門下，句裡呈機，便是徒勞佇思。只知一句下能承當，就好比是打瞌睡的漢子。"

雲門文偃"三句"的禪法，經常為他的繼承者採用。一次，一僧問他的法嗣西禪欽禪師說："什麼是涵蓋乾坤句？"西禪欽回答："天上有星皆拱北。"那僧又問："什麼是截斷眾流句？"西禪欽回答："春生夏長。"

《萬法歸心錄》對"三句"禪法的解釋是：

問："什麼是涵蓋乾坤句？"答："包裹太虛，橫貫三際。"問："什麼是截斷眾流句？"答："一念不生，萬法自泯。"問："什麼是隨波逐浪句？"答；"隨流得妙，應物全真。"

圓悟克勤對"雲門三句"解釋道："本真本空，一色一鼓掌，非無妙體，不在躊躇，洞然明白，則涵蓋乾坤也。"又説："本非解會，排疊將來，不消一字，萬機頓息，則截斷眾流也。"又説："若許他相見，從苗辨地，因語識人，則隨波逐浪也。"

總的説來，"雲門三句"中，"涵蓋乾坤"句的大意是：天地萬物都是由真如本體所派生而顯現；"截斷眾流"的大意是：對真如本體的把握，不應以語言文字，而應內心證悟；"隨波逐浪"句大意是：對參禪學道的人應因機説法。雲門宗把"雲門三句"比喻為"雲門劍"或"吹毛劍"(即鋒利的快劍)，意思是只要學人掌握了"雲門三句"的真實含義，就可以求得解脱而見性成佛。

95. 雲門一字禪

一次，一僧問雲門文偃："什麼是雲門劍？"雲門文偃回答説："祖。"那人又問："什麼是玄中的？"雲門文偃回答説："啒[1]。"

---

(1)啒音"祝"，意為塞，不通。方言，説鼻塞為"啒鼻子"。

那僧又問："什麼是吹毛劍？"雲門文偃回答說："骼。"
又說"胔[1]。"那僧又問："什麼是正眼法藏？"雲門文偃
回答說："響。"那僧又問："什麼
是雲門一路？"雲門文偃回答說：
"親。"那僧又問："殺父殺母，到
佛前懺悔。殺佛殺祖，又到何處去
懺悔？"雲門文偃回答說："露。"
那僧又問："鑿壁偷光[2]時怎麼
樣？"雲門文偃回答說：
"恰。"那僧又問："佛、
法、報三身中哪身說法？"
雲門文偃回答說："要。"
那僧又問："古話說：了
即業障本來空，未了應須
償宿債。不知二祖慧可大
師是了還是未了？"雲門
文偃回答說："確。"

雲門文偃禪師

　　雲門文偃有時用說一個字來接引學人，稱為"一字禪"，有時也
說三個字來接引學人，稱為"三字禪。"大慧宗杲對"一字禪"評道：
"一字入公門，九牛拽不出。"這則公案中，雲門文偃所答的一個字，
只能意會，不可以情識知解去理會。其實，他平素不主言說，實在無
法，只好勉強回答一個字或三個字。

<hr>

（1）胔音"自"，意為腐肉。《禮記·月令》孟春之月："掩骼埋胔"，注："骨枯曰骼，肉腐
曰胔。"
（2）鑿壁偷光：漢劉歆《西京雜記》卷二：匡衡勤學無燭，鑿壁偷鄰居燭光而苦讀。後引申為家
貧苦讀之典故。

96. 汾陽解三玄三要

汾陽善昭一天對眾門人說："臨濟祖師說，一句話具備三玄門（即三種原則），一玄門必須具有三要（即三種要點），請問諸位哪個是三玄三要的句？祖師以前不辭辛勞，雲遊遍參，不是為了遊山玩水，片衣口食，都是為了聖心未通，探索玄奧，弘揚禪教大法。博問先知，親近高德，都是為了使佛的心燈代代相傳。如今還有商量者麼？若有請出來，與大家商量。"

一僧問："什麼是第一玄？"汾陽善昭回答說："親囑迦葉前。"那僧又問："什麼是第二玄？"汾陽善昭回答："絕除名相斷離言語文字。"那僧又問："什麼是第三玄？"汾陽善昭回答說："圓明之鏡照遍大千世界。"那僧又問："什麼是第一要？"汾陽善昭回答說："言中無造作。"那僧又問："什麼是第二要？"汾陽善昭回答說："千聖入玄奧。"那僧又問："什麼是第三要？"汾陽善昭回答說："四句百非外，盡踏寒山道。"

接着，汾陽善昭對"三玄三要"各作一頌並總頌一首，依次如下：

第一玄，照用一時全；
七星光燦爛，萬里絕塵煙。
第二玄，鉤錐利便尖；
擬議穿腮過，裂面倚雙肩。
第三玄，妙用具方圓；
隨機明事理，萬法體中全。

第一要，根境俱忘絕朕兆；

汾陽善昭

汾陽善昭（945~1022），俗姓余，太原人。出家後，雲遊四方，遍參各方禪師，後到汝州參謁首山省念禪師，成其法嗣。開悟後，住持汾州（今山西汾陽縣）太子院，其法嗣有石霜楚圓等人。

山崩海竭灑飄塵，蕩盡寒灰始得妙。

第二要，鉤錐察辨呈巧妙；

縱去奪來掣電機，透匣七星光晃耀。

第三要，不用垂鉤並下鉤；

臨機一曲楚歌聲，聞者儘教來反照。

三玄三要事難分，得意忘言道易親。

一句明明該萬象，重陽九日菊花新。

"三玄三要"本是臨濟宗創始人臨濟義玄的禪法之一，汾陽善昭是臨濟宗的後代傳人，對"三玄三要"的禪法加以弘揚，進一步彰明臨濟宗風。

香港竹林禪院香爐上的龍飾

97. 汾陽三訣

汾陽善昭一日對眾門人口述一偈：

汾陽有三訣，衲僧難辨別；

更擬問何如，拄杖驀頭楔。

一僧問："大師，什麼是三訣？"汾陽善昭舉棒便打，那僧禮拜。

汾陽善昭頌道：

第一訣，接引無時節；

巧語不能詮，雲綻青天月；

第二訣，舒光辨賢哲；

問答利生心，拔卻眼中楔。

第三訣，西國胡人説；

濟水過新羅，北地用鑌鐵。

接著，汾陽善昭又説："你們當中有懂的人出來告訴大家，要知古今，不要只是記住隻言片句，以當平生之用，這有什麼好處!"

後來有不少禪師作頌與汾陽善昭"三訣頌"唱和，以下略舉一二：

第一訣，大地山河洩；

維摩才點頭，文殊便饒舌。

第二訣，展拓看時節；

語默豈相干，夜半秋天月。

第三訣，山遠路難涉；

陸地弄舟船，眼中挑日月。

雲門宗的法昌倚遇禪師頌道：

第一訣，袖裡三斤鐵；

忽遇病維摩，提起蕎頭楔。

第二訣，六月滿天雪；

無處避炎蒸，渾身冷似鐵。

第三訣，八字無兩撇；

胡僧笑點頭，眼中重着楔。

東山簡禪師頌道：

第一訣，真卓絕；

手把黃金槌，敲落天邊月。

第二訣，難辨別；

琉璃枕上凹，瑪瑙盤中凸。

第三訣，最超絕；

花木四時春，庭台千古月。

安住京禪師頌道：

第一訣，針頭削鐵；

穿耳胡人，面門齒缺。

第二訣，殺人見血；

啞子忍痛，無處分雪。

第三訣，陽春白雪；

水底桃花，山頭明月。

"什麼是第一訣？"古代禪師大德說："珊瑚枝枝撐着月。""什麼是第二訣？"古代禪師大德說："萬里一條鐵。""什麼是第三訣？"古代禪師大德說："百花頭邊俱漏洩。"

98. 黃龍三關

　　黃龍慧南還在泐潭懷澄禪師門下學習雲門禪時，一次，雲峰文悅對他說："雲門文偃禪師的禪法如同九轉還魂丹，能點鐵成金；泐潭懷澄禪師雖是雲門文偃禪師的弟子，但他的禪法好比藥物汞銀，只能供人賞玩，再加鍛煉就會流失。"黃龍慧南覺得有辱師父，十分生氣，便拿枕頭向雲峰文悅擲去。

　　第二天，雲峰文悅向黃龍慧南致歉，並說："雲門文偃禪師氣宇軒昂猶如帝王，甘於死在他的語句下嗎？泐潭懷澄禪師雖然有法授於人，但是死語，死語又怎能救活人呢？"黃龍慧南急忙挽着雲峰文悅，問道："既是如此，又有誰能認可你的話呢？"雲峰文悅回答

說："湖南長沙的石霜楚圓禪師手段高明，為時下的禪師所不及，你可去參謁他，不可遲疑。"黃龍慧南打點行裝前往長沙，中途聽說石霜楚圓正在隱居，只好先到衡山福嚴寺借宿。不久，福嚴寺住持去世，石霜楚圓應邀前來作住持，黃龍慧南心想正好趁此機會觀察石霜楚圓的為人，也可驗證雲峰文悅所說是真是假。

　　石霜楚圓到了

黃龍慧南禪師

福嚴寺，説法時盡是批評當時各方禪師的話，連黃龍慧南的老師泐潭懷澄密付的禪旨也在貶斥之列。黃龍慧南回想起雲峰文悦所説的話，自言自語道："大丈夫心胸寬大不可有疑惑和障礙。"於是直奔方丈室求教，並説："聽説

黃龍慧南

慧南（1002~1069），俗姓章，信州玉山（今屬江西）人，11歲出家，後遠遊遍參禪門名師，因受南昌文悦之勤，35歲時參學並受法於潭州（今湖南長沙）石霜楚圓禪師，住江西隆興府黃龍山，世稱黃龍慧南。所創黃龍派是臨濟宗的一支，接引學人時嚴峻如虎，世稱"黃龍三關"（實際上還是參用雲門的宗風）。

夜參如迷行，得指南如車轉。今請大師為學人掃除疑惑。"石霜楚圓叫侍者為黃龍慧南安坐，對他説："書記學雲門禪，必然瞭解雲門文偃禪師的意旨，如：放洞山三頓棒，洞山當時應打不應打？"黃龍慧南回答説："應打。"石霜楚圓嚴肅地説："聽到三頓棒聲便是吃棒，那你從早到晚聽到鴉鳴鵲噪、鐘魚鼓板聲，也應吃棒，吃棒何時才了呢？"黃龍慧南瞠目結舌。石霜楚圓説："開始我還懷疑能不能做你的老師，現在可以做了。"黃龍慧南於是禮拜。石霜楚圓問道："我再問你，趙州從諗禪師曾説：'台山婆子被我勘破'，請指出勘破在什麼地方？"黃龍慧南還是無言以對。

第二天，黃龍慧南又去參謁，卻遭到石霜楚圓一頓責罵，黃龍慧南羞愧地説："難道責罵就是大師的慈悲教法麼？"石霜楚圓笑了笑，反問道"你認為這是責罵嗎？"黃龍慧南契悟其旨，不禁失聲叫道："泐潭懷澄禪師的禪法果然是死語!"隨即作一偈：

傑出叢林是趙州，老婆勘處沒來由；

而今四海清如鏡，行人莫以路為仇。

石霜楚圓看過偈，指着句中的“沒”字看着黃龍慧南，黃龍慧南心領神會，於是將“沒”字改成“有”字，石霜楚圓點頭認可。

黃龍慧南初隨泐潭懷澄學雲門禪，經雲峰文悅點撥，參謁石霜楚圓，因參趙州從諗一則公案而契悟，明白了泐潭懷澄偏離雲門宗風，以死句教人，終於從臨濟宗風悟入。

有一次，黃龍慧南問他的弟子隆慶慶閒上座：“人人都有個生緣，請問上座的生緣在什麼地方？”隆慶慶閒回答說：“早上喝白稀飯，到晚上又覺得餓了。”黃龍慧南伸手問：“我這隻手何似佛手？”隆慶慶閒回答說：“月下彈琵琶。”又垂下腳問：“我的腳何似驢腳？”隆慶慶閒回答說：“白鷺站立在白雪中並非同色。”

黃龍慧南每以“生緣”、“佛手”、“驢腳”三轉語垂問學人，多半都不能契悟其禪旨，即使有對答者，也得不到他的認可，禪門中把他的三轉語視為“黃龍三關”。別人常問其故，黃龍慧南回答說：

"已過關的人掉臂徑去，怎知有關吏，從關吏問可否，此未過關者。"

隨即對自己的三轉語各作一頌：

> 生緣有語人皆識，水母何曾離得蝦？
>
> 但見日頭東畔上，誰能更吃趙州茶。

> 我手佛手兼舉，禪人直下薦取；
>
> 不動干戈道出，當處超佛越祖。

> 我腳驢腳並行，步步踏着無生；
>
> 會得雲收日捲，方知此道縱橫。

又將三轉語總頌一偈：

> 生緣斷處伸驢腳，驢腳伸時佛手開；
>
> 為報五湖參學者，三關一一透將來。

黃龍慧南所謂的"三關"機用，主要是讓學人觸機即悟，從而不致死於句下。

99. 楊歧初參

楊歧方會從師石霜楚圓，初在門下做監寺（總管一寺的事務），相當長一段時間未有所悟。他每次求教，石霜楚圓總是回答說："監寺的工作事務繁忙，先去做你的事吧。"並對他說："監寺以後門人遍佈天下，何必着急。"

一天，石霜楚圓外出，忽然天下大雨，楊歧方會抄小路找到了石霜楚圓，説："師父，你今天必須給我説，否則我將對你不客氣!"石霜楚圓説："監寺知道這個事就行了……"，話未説完，楊歧方會忽然大悟，當即拜倒在泥濘中，然後問道："師父，狹

楊歧方會

方會（992~1049），俗姓冷，袁州宜春（今屬江西）人，青年時為他人掌管稅務，因失職受罰，逃往筠州（治所在今江西高安縣）九峰山削髮為僧。赴長沙參謁石霜楚圓禪師，得印可，住袁州楊歧山弘法，世稱楊歧方會，所創的楊歧派（屬臨濟宗），兼百丈懷海、黃檗希運禪法之長，得馬祖道一禪法之大機大用，渾無主角，宗風如龍。

路相逢時如何？"石霜楚圓回答説："你暫且躲避，我要到那裡去。"楊歧方會便回到寺中。

楊歧方會初參禪道時，急於求成，怎奈欲速則不達。因為禪旨不可言說，更不可向外妄求，須是自悟本體心性。監寺事務雖繁忙，須知"平常心是道"。

　　一天傍晚，楊歧方會見師父到山中散步去了，便擊鼓集合眾僧。石霜楚圓回來一見大怒，道："禪林中哪有晚上升座說法的，從什麼地方學來的這種規則？"楊歧方會回答說："汾陽善昭禪師便設有晚禪，怎麼說禪林中沒有這種規則呢？"

　　所謂"參"，即指禪門中集合眾僧，禪師為之說法、念誦。這種儀式一般有三種：早參（朝參）、晚參、小參，"三參"屬於禪門的清規之一，由唐代百丈懷海禪師所創立，這些清規不僅建立了禪宗自己的生活方式，對禪宗的發展也是一大促進。

　　在這則公案中，所謂有無規則準繩，意在叫學人不能執着於有無，有規矩則成方圓，無規矩則各行其是；有規矩是從無規矩中萌發出來的，無規矩則意味着將有新的規矩產生。

楊歧方會禪師

100. 五宗風範問答

一僧問五祖法演："什麼是臨濟宗的風範？"五祖法演回答說："五逆⁽¹⁾聞雷。"那僧又問："什麼是雲門宗的風範？"五祖法演回答說："紅旗閃爍。"那僧又問："什麼是溈仰宗的風範？"五祖法演回答說："斷碑橫石路。"那僧又問："什麼是曹洞宗的風範？"五祖法

五祖法演

法演(1024~1104)，綿州(今四川綿陽)人，俗姓鄧，35歲時棄家為僧。初至四川成都學習《唯識論》和《百法論》，後遍參各方禪師，於楊歧方會的法嗣白雲守端禪師處契悟，並成其法嗣。後住持蘄州五祖山，故稱"五祖法演"。其法嗣有圓悟克勤等人。

演回答說："持書不到家。"那僧又問："什麼是法眼宗的風範？"五祖法演回答說："巡人犯夜。"

五祖法演的法嗣圓悟克勤對禪門五宗各作了一偈：

臨濟宗：

> 全機大用，棒喝交馳；
>
> 劍刃上求人，電光中垂手。

雲門宗：

> 北斗藏峰，金風體露；
>
> 三句可辨，一鏃遼空。

曹洞宗：

> 君臣合道，偏正相資；
>
> 鳥道玄途，金針玉線。

---

(1) 五逆：又稱五無間業，即指五種極逆的罪惡，也就是無間地獄的苦果惡業。此有三乘通相之五逆、大乘別途五逆、同類之五逆、提婆之五逆等。

為仰宗：

> 師資唱和，父子一家；
>
> 明暗交馳，語默不露。

法眼宗：

> 聞聲悟道，見色明心；
>
> 句裡藏鋒，言中有音。

又，《人天眼目》全書之末所附"五宗要括"，以禪門五宗的主要代表人物的名字聯綴成頌，很有意思，照錄於下：

臨濟宗：

> 南岳馬祖百丈遠，臨興南穴首山汾；
>
> 慈明南會開二續，心出新清端演勤。

雲門宗：

> 青石天龍接德山，雪峰雲門香林遠；
>
> 北塔雪竇付天衣，二本從茲門大顯。

為仰宗：

> 百丈派出大潙祐，香巖仰山親得紹；
>
> 南塔芭蕉清續傳，兒孫未見繼其後。

曹洞宗：

> 青石藥山雲洞祖，雲膺同安丕志附；
>
> 梁山親得大陽玄，投子芙蓉淳獨步。

法眼宗：

> 雪峰傍出玄沙備，地藏法眼益尊貴；
>
> 韶國師傳壽與津，佛法新羅而已耳。

後 記

　　本書是在我的一部舊作基礎上刪削增補而成。之所以如此,是得益於三聯書店(香港)有限公司執行總編李昕先生的建議,特別是在圖文的配合以及由他委以編輯對原書文字的壓縮整合,最終使之大為增色,謹此一並致謝。

作者

識於 2003 年 4 月 18 日

王羲之書禪